AF482981

أروعُ ما قيلَ

من الحكَمِ والأمثالِ الشَّعبيَّة

الطبعة الأولى

2023

ISBN 978-614-503-073-7

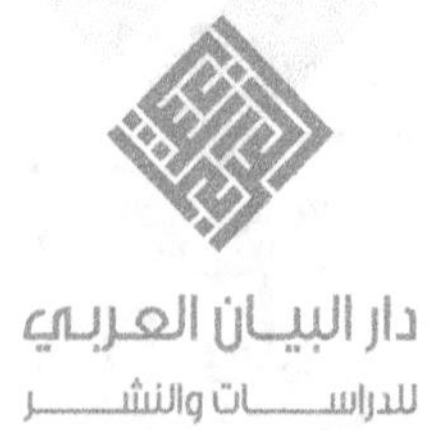

دار البيان العربي
للدراسات والنشر

Tel: 00961 3 385 257 - Email: dar-albayan2021@hotmail.com

الدكتور كمال توبة

أَروَعُ ما قيلَ

من الحِكَمِ والأمثالِ الشَّعبيَّةِ

2023

المقدِّمة

الأمثال الشَّعبيَّة وروافدها هي تعبيرٌ عفويٌّ، وبحرٌ لا ينضب من المواقف والأحداث الَّتي جرت في حياة أجيالٍ ذهبت، ولكنَّ تجاربَهم وحكمَهم تجسَّدت على شكل أمثالٍ شعبيَّةٍ متوارثةٍ من جيلٍ إلى جيلٍ. ففي عالمنا العربيِّ الأمثالُ تُورث كما الأرض، ليس بقيمتها الماديَّة؛ إنَّما بقيمتها المعنويَّة من خلال الفكر، والحكمة، والخبرة العميقة في حياةٍ امتدّت وتجذّرت في أعماق التَّاريخ، لا بل هي مخزونٌ فكريٌّ وعقليٌّ ممزوجٌ بطابع تراثيٍّ يُنقل من عصرٍ إلى عصرٍ، منها أيضًا ما هو مُطعَّمٌ بروح الفُكاهة، ومنها ما يكون عكس ذلك تمامًا، فتكون معانيه وقصصُه جديَّةً، وقد تكون تراجيديَّةً، ولكن مهما يكن فكلُّها تعكس أملًا قد يكون مخفيًّا ولم ننتبه له، فتساعدنا على أن نفهم الحياة بطريقةٍ سليمةٍ، وتدفعنا إلى تخطِّي صعابَها وتعقيداتِها اليوميَّةِ الَّتي تتعقدُ أكثر فأكثر.

وفي نهاية القول، هي الضَّمير الصَّاحي أبدًا، والثَّقافة اللَّامحدودة، وقد تكون الهُويَّة أيضًا لكلِّ شعوب الأرض؛ لأنَّها كالمرآة تعكس لهم تجاربهم كي يراها من يأتي بعدهم.

وأخيرًا وليس آخرًا، أتمنَّى أن أكون قد وُفِّقت في تجميع غيضٍ من فيضِ الأمثال الشَّعبيَّة وقصصها الَّتي حتمًا سيستمتعُ ويستفيدُ منها القارئ، وللبقيَّة تتمَّة، واللهُ وليُّ التَّوفيق.

أبو لقمة الجبنة

يُقال إنَّ قصَّة هذا المثل حدثت في إحدى القرى التُّركية، حيث كان هناك سيِّدةٌ غنيَّةٌ تُدعى «ورود»، وكان لديها أراضٍ شاسعةٌ، وعندها عمَّالٌ كثر يخدمونها، لكنَّها لاحظت تقاعس بعض العمَّال، فلجأت إلى حيلةٍ بسيطة، وقرَّرت أن تلتقيهم على انفرادٍ، وتعطي كلَّ واحدٍ منهم لقمة جبنٍ زيادةً على وجبته الغذائيَّة المقرَّرة، وتقول له: «أنت الوحيد المميَّز لديَّ؛ لذلك أعطيتك لقمة الجبن وحدك».

وقامت بتوزيع لقمة الجبن على كلٍّ منهم من دون أن يعرفوا ما تضمره، وعند بدء العمل كانت تبدأ بالصِّياح: «هيا يا بو لقمة الجبنة، فرجيني همتك»، وهي تراقب الجميع، إذ يتحمَّسون، ويبذلون جهدًا أكثر في العمل. ومن هنا جاء مثل: (أبو لقمة الجبن).

مطرح مَيسري يمري

وقصة هذا المثَل تقول:

إنَّ أبو العبد كان عنده ولدٌ اسمه «ميسري»، عمره ستّة عشر عامًا، وكان فاشلًا في الدِّراسة، وكان لديه رائحة رجلين قذرة ومزعجة،

حاول المستحيل لعلاج رائحة رجلي ميسري فلم يفلح، فجعله ينام وحده في غرفةٍ مستقلَّةٍ، وبعد فترةٍ أصبح بالغًا فقرَّر أبوه إرساله إلى الجيش. وكان عند أبو العبد صبيٌّ ثانٍ اسمه يمري، وقد كبر يمري، فقالت أم العبد لأبو العبد: «إنَّ يمري أصبح رجلًا ويجب أن ينام وحده»، فأخذ أبو العبد يفكِّر شاردًا، فتعجَّبت أم العبد من ذلك، وقالت له: «لا تفكِّر كثيرًا، مطرح ميسري يمري، أي ينام يمري». ومن هنا جاء المثل). ولكنَّه يستخدم اليوم للإشارة إلى الصَّحة والعافية، وكان ما يسري، أي ما ينزل من الطَّعام يمري. وهناك مثل معاكس لهذا المثل: (مطرح ما يسري يهري)، أي تأكل سم الهاري.

عم حاكيك يا كنّة لتسمعي يا جارة

وقصة هذا المثل؛ هي:

إنَّ سهل بن مالك الفزاري كان قاصدًا النَّعمان بن منذر ملك الحيرة، فمرَّ بأحياء طيء يسأل عن

سيد القوم، فقالوا له: «إنَّه الحارثة بن لأم»، فقصد بيته ولم يجده، فاستقبلته أخته، وكانت جميلة جدًّا، فأدخلته إلى البيت، وأكرمته، فأُعجب بها، ولكنَّه لم يجد سبيلًا ليعبِّر لها عمَّا يجول

في خاطره، فجلس في حديقة البيت، وأنشد قائلًا:

«يا أخت البدو والحضارة

كيف ترين في فتى فزارة

أصبح يهوى حرَّة معطارة

إيَّاك أعني واسمعي يا جارة»

وقصد بذلك التَّلميح، فخاطب غير المقصود بغير المراد.
ومثله في العاميَّة اللُّبنانيَّة: (عم

حاكيك يا كنة، لتسمعي يا جارة).

الطَّمع ضرّ ما نفع

كان هناك في إحدى مدن بلاد الشَّام خيَّاطٌ يعمل ويكسب
لقمته بعرق جبينه، وكان في أثناء عمله يردِّد: «قوتي تحتي بشكلٍ
مستمِّرٍ»، فلفت نظرَ أحد اللُّصوص عند مروره لتكرار تلك العبارة
كلَّ يومٍ، ففكَّر في السِّر المخبوء وراءها، وعاد بعد منتصف
اللَّيل ودخل محلَّ الخيَّاط، ورفع السَّجادة الَّتي يجلس عليها،
فوجد بلاطة، وفيها فتحةٌ صغيرةٌ، سحبها فوجد تحتها جرَّةً مليئةً
بالذَّهب، أخذ الذَّهب وأعاد كلَّ شيءٍ كما كان. وفي اليوم التَّالي

عاد الخيّاط إلى عمله المعتاد، وبدأ يعمل بجدٍ ونشاطٍ، وفي نهاية النَّهار وضع ما حصَّله في الفتحة، لكنَّه لم يسمع رنَّتها المعهودة، رفع البلاطة فتفاجأ بعدم وجود الذَّهب، كظم غيظه، واستجمع قواه، وقرَّر تغيير جملته المعهودة، وقال: «لو تركها لملأناها»، سمعه اللِّص، وقال في نفسه: «لنعيدها له عسى أن يملأها». وفي اليوم التَّالي وجد الخيّاط الجرَّة كما كانت من قبل، أخذها وأخفاها في مكانٍ آمنٍ، وأخذ يردِّد: «الطَّمع ضر ما نفع»، وبالطبع لم يحظَ السَّارق إلَّا بالخيبة، وأصبح مثلًا تتوارثه الأجيال.

القرد بعين إمو غزال

وقصة المثل؛ هي:

في أثناء الحكم الرُّومانيِّ كانت تقام مسابقةٌ لاختيار أجمل حيوانٍ أمام الحاكم الرُّومانيِّ، وتنتهي المسابقة، وتُوزَّع الجوائزُ في اليوم نفسه، بدأت الحيوانات الجميلة تأتي متبخترةً بجمالها، كالطاوُس والزَّرافة... وقبل إعلان النتائج أتت القردة مصرَّة على إدخال ابنها ضمن المسابقة، فلم يستطيعوا منعها، فقال الحاكم لهم: «دعوها، فالقرد بعين إمو غزال». ومن هنا أتى المثل.

طُب الطَّنجرة على تمها، بتطلع البنت لإمها

هناك عددٌ من الرِّوايات لأصل هذا المثل؛ منها:

كان هناك صاحب مطعمٍ يبيع الفول، وكانت زوجته تسانده في العمل، لكنَّها كانت دائمًا كلَّما حملت قدر الفول وقع على الأرض وانكسر، ضاق ذرع زوجها من هذا الفعل وطلَّقها، فجاءت ابنته لتساعده، فكان يحدث معها ما كان يحدث مع أمِّها، فقال أبوها: «طُب الطَّنجرة على تمها بتطلع البنت لإمها». ومن هنا جاء المثل.

أمَّا الرِّواية الثَّانية؛ فتقول:

كانت الأمَّهات في العهد العثمانيِّ تنشر الغسيل على الأسطح، وكان هذا المكان شبه محرَّمٍ على الفتيات للحفاظ على سمعتهن، ولأنَّ الأمَّ كانت تستحي من أن تنادي ابنتها باسمها، فكانت كلَّما أرادت منها شيئًا تضرب بالقدور على السَّطح أو الحائط حتَّى تفهم البنت من الأمِّ ما تريد، وتستجيب للنِّداء. ومن هنا نعرف من أين جاء دور (الطَّنجرة) على الأسطح، واستخدامها في الضَّرب على الحائط لإحداث صوتٍ عالٍ لتفهم البنت المُراد.

والرِّواية الثَّالثة تقول:

إنَّ الأمَّ بشكلٍ عامٍّ تبقى قلقةً على مستقبل ابنتها، وتريد معرفة

كلَّ شيءٍ عن حياتها قبل الزَّواج،

فكانت تذهب بها إلى العرَّافة لقراءة البخت من خلال استخدام الحصى، والرَّمل، والطَّنجرة، فتضع العرَّافة الحصى والرَّمل في الطَّنجرة، وتقلبها على (تمِّها)، أي رأسًا على عقب، فإذا خرجت حصوة صغيرةٌ وأخرى كبيرةٌ، كانت تقول للأمِّ: «إنَّ ابنتك ستكون مثل أمِّها جميلةً وحنونةً»، أي عند

طبِّ الطَّنجرة على (تمِّها) ستكون البنت مثل أمِّها.

اتَّقِ شرَّ من أحسنت إليه

وقصَّة هذا المثل؛ هي:

كان هناك في إحدى المزارع راعٍ يرعى أغنامه، وبينما هو يتجوَّل وجد جروًا صغيرًا يرتجف من شدَّة الجوع والبرد، فأخذه معه إلى كوخه الصَّغير ليعتنيَ به، وقام بتخصيص شاةٍ له من الأغنام الَّتي يرعاها كي تكون له أمًّا، ويحصل منها على الحليب، وكانت أفضل شاة عند الرَّاعي، فأخذ الجرو يكبر حتَّى أصبح ضخمًا قوِّيَ البنية، وظهرت ملامحه.

دخل الرَّاعي فوجد أنَّ هذا الجرو كان جرو ذئبٍ، وليس جرو كلبٍ، وقد قام بافتراس الشَّاة الَّتي كانت كأمِّه، ونهش لحمها من

دون أن يفكِّر بما قدمته إليه عندما كان ضعيفًا لا يقوى على شيءٍ.

كذلك هناك قصَّةٌ ثانيةٌ؛ هي:

عثرت سيدةٌ على ثعبانٍ كان جائعًا، ويشعر بالبرد، فقرَّرت أن تأخذه إلى بيتها، وتهتمَّ به، فأخذت تُطعمه، وكان ينام إلى جانبها، ويتبعها أينما ذهبت، ولكن جاء يومٌ توقَّف الثُّعبان عن الأكل، وظلَّ لفترةٍ هكذا، فخافت السَّيدة الرَّحيمة على الثُّعبان، وقرَّرت الذَّهاب به إلى الطَّبيب البيطريِّ ظنًّا منها أنَّه مريضٌ. شاهد الطبيب الثُّعبان يتحرَّك حول المرأة، فسألها إن كان يعاني من أيِّ شيءٍ غير قلَّة الشَّهيَّة، فقالت: «لا، فهو ينام بجانبي، ويتبعني أينما أذهب، ثمَّ يلتفُّ حولي، ويظلُّ يتبعني، فأحضرُ له الطَّعام، لكنَّه لا يأكل شيئًا، ويبقى ساكنًا مكانه».

فابتسم الطَّبيب؛ وقال لها: «إنَّ ثعبانك ليس مريضًا، بل كان يهيِّء نفسه لالتهامك، لذلك كان يجوِّع نفسَه، ويقوم بقياس حجمك ليرى إذا ما كان يتناسب مع معدته حتَّى تستوعب وجبةً بحجمك، وكان يعدُّ العدَّة للهجوم عليك في الوقت الَّذي سيراه مناسبًا، فخذي حذرك منه».

جحا أولى بلحم ثوره

تعود قصَّة هذا المثل إلى جحا عندما دعى جيرانه إلى وليمة غداء ليطعمهم من لحم ثوره الَّذي ذبحه لهذه المناسبة، ولكنَّ الَّذي حدث أنَّه طلب من المدعوِّين الجلوس في صفوفٍ منتظمةٍ، ثمَّ بدأ بالمرور عليهم واحدًا واحدًا، فقال للشَّيخ: «لن تستطيعَ هضم لحم الثَّور»، وقال للمريض: «إنَّ لحم الثَّور سيزيد من مرضك»، وللسَّمين: «ستصبح أكبر حجمًا»، وللسليمين منهم قال: تستطيعون الانتظار إلى ما بعد توزيع اللَّحم على الفقراء».

وبعد ذلك طلب منهم المغادرة قائلًا: «جحا أولى بلحم ثوره».

إجا ليكحِّلها عماها

وتعود قصَّة هذا المثل إلى ما حصل ما بين الكلب والهرِّ، حيث إنَّ الكلب كان معجبًا بعيون الهرِّ، فسأله عن سرِّ جمال عيونه، فأجابه الهرُّ بخبثٍ: «أكحِّلها كلَّ يومٍ».

غار منه الكلب، وأتى بالكحل ليضعه في عينيه، لكنَّ إحدى مخالبه دخلت في العين وفقأتها بدلًا من تكحيلها، ومن هنا جاء المثل.

وهناك روايةٌ ثانيةٌ لأصل هذا المثل، حيث تقول الحكاية:

إنَّ رجلًا في البادية كان يحبُّ زوجته ويغار عليها، ولكنَّ الشَّك لا يفارقه خوفًا أن تخونه، فذهب إلى عرَّافةٍ، واستشارها بالأمر، فقالت له أن يأتي بأفعى، ويلفَّها حول عنقه، ويقوم بإيهام زوجته أنَّه مَيْتٌ، فعندما جاءت الزَّوجة، ورأت الأفعى حول عنقه، وهو لا يتحرَّك، ظنَّت أنَّه ميْتٌ، فبدأت بالصُّراخ والعويل عليه، عندها أيقن حبَّها له، فقام وحضنها؛ وقال لها: «الآن عرفت إنَّك تحبينَّني»، ولكن بسبب هذه الفعلة الَّتي تُعدُّ شنيعةً من وجهة نظرها، طلبت منه الطَّلاق. ومن هنا جاء المثل: (بدل أن يكحِّلها عماها).

هذا مثل حسبة برما

وهو مثلٌ مصريٌّ يعود أصله إلى إحدى القرى المصريَّة الواقعة في محافظة طنطا، وتُدعى برما، والَّذي حدث أنَّه اصطدم أحد الأشخاص بسيدةٍ كانت تحمل قفصًا محمَّلًا بالبيض، فتكسَّر منها ما تكسَّر، وأراد تعويضها عمَّا فقدته، فسُئلت تلك السَّيدة عن عدد البيض الَّذي كان يحتويه القفص، فأجابت: «لو أحصيت البيض بالثَّلاثة لتبقَّى بيضة، وبالأربعة لتبقَّى بيضة، وبالخمسة لتبقَّى بيضة، وبالسِّتة لتبقَّى بيضة، وبالسَّبعة لا يبقى شيءٌ».

وبعد حساباتٍ ومداولاتٍ بين أصحاب العلم، عرفوا أنَّه كان يحتوي على ثلاثة مئة بيضة. ومن هنا جاء المثل.

رجعت حليمة لعادتها القديمة

«حليمة» هي زوجة حاتم الطَّائي أحد أهم شعراء العصر الجاهليِّ الَّذي اشتهر بالكرم الشَّديد، وزوجته حليمة بالعكس منه تمامًا، تتميَّز بالبخل الشَّديد، فإذا أرادت أن تضع سمنًا في الطَّبخ كانت يدها ترتجف من شدَّة البخل، فأراد زوجها أن يعلِّمها الكرم، فقال لها: «إنَّ الأقدمين كانوا يعتقدون أنَّ المرأة كلَّما وضعت ملعقةً من السَّمن في (الطَّنجرة) يزيد الله في عمرها يومًا»، فأخذت حليمة تزيد السَّمن في طعامها حتَّى أصبح لذيذًا، وتعوَّدت يدها على السَّخاء، لكن توفَّى الله ابنها البكر الَّذي كانت تحبُّه أكثر من نفسها، فحزنت عليه حزنًا شديدًا، وتمنَّت الموت بسرعةٍ لكي تلحق به، فأخذت تقلِّل من وضع السَّمن في الطَّبخ ظنًّا منها أنَّ الله سيأخذ من عمرها، فقالت النَّاس: «رجعت حليمة لعادتها القديمة».

ومن خلال هذا المثل نستنتج أنَّ الشَّخص المعتاد على السُّوء حتَّى ولو توقَّف عنه، بعد فترةٍ سيعود إليه حتمًا.

أوَّل ما شطح نطح

يعود هذا المثل إلى إحدى القرى في صعيد مصر، حيث اجتمعوا يتساءلون عن براز الجاموس وما ينبت منه، فاتَّفقوا على أنَّ أصله الجبنة، وعليه قام أحدهم بدفنِ البراز في الأرض، وعاد إليها بعد أيَّامٍ ليرى ما نبت، فتعثَّر ووقع في نفس المكان، وارتطم بحجرٍ فظنَّه قرن العجل قد نبت، فقال: «أوَّل ما شطح نطح».

فرخ البَّط عوَّام

وقصَّة هذا المثل تعود إلى بطةٍ وضعت بيضتين وماتت، فأخذ الفلَّاح صاحب البَّطة البيضتين ووضعهما تحت دجاجةٍ إلى أن فقَّست، وفي يومٍ من الأيَّام اقتربت الدَّجاجة مع أولادها ومن بينهم البطَّتان من حوض المياه، فقفزت البطَّتان إلى حوض المياه، وبدأتا بالعوم من دون أيِّ تدريبٍ مسبقٍ، وكان الفلَّاح يراقبهما، فقال: «فرخ البَّط عوَّام».

الضَّرة مُرَّة حتَّى لو كانت جرَّة

وتعود قصَّة هذا المثل إلى أحد الرِّجال الَّذي كان متزوِّجًا

منذ زمنٍ، لكنَّ اللهَ لم يرزقْه بأطفالٍ، وكانت زوجته تلحُّ عليه أن يتزوَّج، لكنَّه كان يرفض معلِّلًا رفضه بالابتعاد عن مشاكل الغيرة الَّتي تنشب بين الزَّوجتين، لكنه بعد إلحاحها الشَّديد قرَّر الزَّواج، وقال لزوجته إنَّه سيسافر ويتزوَّج امرأةً غريبةً من منطقةٍ بعيدةٍ حتَّى لا تحدث مشاكل بينهما.

ذهب الزَّوج وعاد من سفره من دون أن تراه زوجته، ومعه جرَّةٌ كبيرةٌ من الفخَّار ألبسها ثياب امرأةٍ، وغطَّاها بعباءةٍ، وخصَّص لها حجرةً خاصَّةً، ولم يسمح لزوجته أن تراها، وأوهمها أنَّها نائمةٌ ومرهقةٌ من السَّفر، وأنَّه في اليوم التَّالي سيقوم بتعريفها إليها، وطلب منها أن تتركها تنام الوقت الَّذي تريده، وخرج من البيت، وعندما عاد وجد زوجته تبكي وتولول، فسألها عن السَّبب، فقالت: «إنَّ زوجتك الجديدة قد شتمتني وأهانتني، وإنَّني لا أستطيع تحمُّل مثل هذه الإهانات».

تعجَّب الزَّوج، وقال لها: «أنا أيضًا لا أرضى بإهانتك، وسترين كيف سأعاقبها».

وأمسك عصًا غليظةً، وانهال ضربًا على تلك الضَّرة الفخَّاريَّة إلى أن تهشَّمت، عندها اكتشفت الزَّوجة خدعة زوجها، وشعرت بالخجل من نفسها، فسألها:

_هل أنت راضيةٌ؟

فطلبت منه السَّماح، وعدم اللَّوم، قائلةً: «الضُّرة مُرَّة حتَّى لو كانت جرَّة».

اللِّي على راسه ريشة

وقصَّة المثل تعود إلى رجلٍ شكا إلى مختار القرية الَّذي كان مُحنَّكًا سرقةَ دجاجاته، فقام

المختار بجمع سكَّان القرية في السَّاحة العامَّة، وقال:

_إنَّ فلانًا سُرقت دجاجتُه، والسَّارقُ معروفٌ، وعليه إعادة الدَّجاجات فورًا قبل أن أفضحه على الملأ.

فسأله أحد الحاضرين:

- وهل تعرفه؟

- نعم.

- وهل هو بيننا؟

- نعم.

- وهل تراه؟

- نعم.

- فمن يكون؟

- يوجد على رأسه ريشةٌ، أي عندما دخل إلى قِنِّ الدَّجاجات علقت على رأسه ريشةٌ.

فالشَّخص السَّارق الَّذي كان في القِنِّ تحسَّس رأسه؛ للتَّأكد من الرِّيشة، عندها عرف المختار السَّارق.

ومن هنا نلاحظ أنَّ هذا المثل يشير إلى أنَّ المذنب مهما كان ذنبُه طفيفًا، فهناك دلالاتٌ نفسيَّةٌ واجتماعيَّةٌ على ذلك تكشفه. ومن هنا جاء المثل: (اللِّي على راسه ريشة).

بيننا ما صنع الحدَّاد

وقصَّة المثل تعود إلى أحد الأعراب الَّذي كان متزوِّجًا امرأةً سليطةَ اللِّسانِ، ضاق ذرعًا بها وبلسانها، فخرج من الخيمة وقال لها: «بيننا ما صنع الحدَّاد»، فأخذت الزَّوجة تفكَّر بهذه الجملة، فلم تعرف ماذا يعني بها، وقرَّرت أن تنتظر حتَّى عودته لتعرف ما يعنيه، عاد الزَّوج ومعه قرصٌ كبيرٌ من الحديد، وعصا أعطاها لابنه، وطلب منه أن يطرق عليها لإحداث ضجيجٍ، وخرج من الخيمة طالبًا منه الاستمرار بالطَّرق في أثناء ابتعاده من الخيمة،

وظلَّ يبتعد وابنه مستمرٌ في الطَّرق إلى أن وصل إلى نقطةٍ انتهى عندها مدى الصَّوت، وفي تلك النُّقطة نصب خيمته الخاصَّة هربًا من زوجته، ولسانها السَّليط.

إمَّا أن يموت السُّلطان أو أموت أنا أو يموت الحمار

وقصَّة هذا المثل؛ هي:

إنَّ أحد السَّلاطين شاهد حمارًا يدخل إلى بستانه، فأراد إعدامه، فهمس الوزير في أذنه: «إنَّه حمارٌ يا مولاي» عندها أمر السُّلطان أن على الحمار أن يتعلَّم الأصول، ويراعي القوانين، فنادى في المدينة يدعو من يملك القدرة على تعليم الحمار، وله من المال ما يشاء، تقدَّم رجلٌ وقال إنَّه يستطيع أن يعلِّم الحمار، ولكن على السُّلطان أوَّلًا أن يعطيه المال مدَّة عشر سنين، بالإضافة لقصرٍ يعيش فيه، وافق السُّلطان على ذلك، ولكن هدَّده إن لم يستطع خلال الفترة المتَّفق عليها أن ينفِّذ ما طُلب منه فسيقطع رقبته.

ذهب الرَّجل إلى زوجته، وأخبرها بالخبر السَّعيد، لكنَّ المرأة شغلها الأمر، وقالت لزوجها:

ـ إنَّ نهايتك باتت محتومةً؛ لأنَّك لن تستطيعَ تعليم الحمار.

فقال لها: «لا تقنطي من رحمة الله، فبعد عشر سنوات، إمّا أن

يموت السُّلطان، أو أموت أنا، أو يموت الحمار».

تحت القبَّة شيخ، ونحن دافنينُه سوا

كان هناك شخصان من عتاة النَّصَّابين والمحتالين: الأوَّل اسمه سليم اللَّئيم، والثَّاني أبو الزكازيك. أثارت أفعالهما في المدينة غضبَ السُّكَّان، إذ قاما بسرقةٍ حمارٍ، وقليلٍ من الذَّهب وغادرا المدينة هربًا من غضب السُّكَّان عليهما، فحملهما الحمار إلى قريةٍ بعيدةٍ يشتهر أهلها بالورع والتَّدين، وعلى أبواب تلك القرية مات الحمار من شدَّة الجوع والعطش الَّذي عاناه، فخطرت في بال سليم اللَّئيم فكرةٌ خبيثةٌ، فقال لصاحبه:

– سنقوم بتكريم هذا الحمار؛ لصبره معنا وعلينا.

– ولماذا سنكلِّف أنفسنا عناء ومشقَّة دفنه؟

– سندبِّر أمرنا، وسنصبح أثرياء، وقد نحكم تلك القرية. ثم همس في أذن صاحبه كلماتٍ أفرحته.

بدأ الصاحبان بالحفر، ودفنا الحمار في حفرةٍ عميقةٍ، وأقاما سورًا حوله، فسمعا أصوات أقدامٍ متَّجهةٍ صوبهم، فبدآ بالبكاء، والنَّحيب يردِّدان: «لا إله إلَّا الله، أبو صابر حبيب الله».

اقترب الجماعة منهما، وسألوهما:

– من أنتما؟ وما الَّذي يحدث هنا؟

فأجاب سليم اللَّئيم، وهو يبكي: «نحن من أتباع الشَّيخ أبو صابر، وهو من الأولياء الصَّالحين، وكان يشفي المريض، ويزوِّج العانس، وقد مات هذا المساء، وأوصانا أن ندفنه هنا في قرية الخير هذه، حيث إنَّ أهلها سيصبحون من أهل الجنَّة».

صدَّق النَّاس الطَّيِّبون ادِّعاءات اللِّصين، وقاموا بمساعدتهم لبناء قبَّة عالية لهذا الضَّريح، حتَّى أصبحت ترِد، وتُوضع تحت قبَّة هذا الشَّيخ النُّذورُ، والهباتُ، وكلُّ ذلك ينزل على الصاحبين المحتالين، فازداد نفوذهما في القرية، والقرى المجاورة. وفي إحدى الأيَّام قرَّر سليم اللَّئيم العودة إلى الدِّيار ليعطي أهله ما يكفيهم من المال، غاب شهرًا كاملًا وعاد، ثم سأل صاحبه لقسمة الغلَّة المتراكمة في غيابه، فحلف له برأس الشَّيخ أبو صابر إنَّه لم يدخل عليهم خلال هذه الفترة شيءٌ من المال، ودعاه أن يصلِّيا للشَّيخ أبو صابر، وأن يسألاه الحكم بينهما، فنظر إليه مندهشًا، فصاح أبو الزَّكازيك، وبدأ يحلف بالوليِّ الصَّالح بصحَّة كلامه، فنفذ صبر سليم اللَّئيم، وقال له: «سيدي أبو صابر دافنينو سوا، إحنا دافنينو سوا». ومن هنا جاء المثل.

ياما جاب الغراب لأمه

وقصَّة المثل؛ هي: بعد دراسةٍ مستفيضةٍ للغربان، تبيَّن أنَّها تحبُّ كلَّ الأشياء الَّتي تلمع تحت أشعَّة الشَّمس، بغضِّ النَّظر عن قيمتها، ولكلِّ غرابٍ منها مخزنٌ سرِّيٌّ خاصٌّ قد يكون في جوف شجرةٍ أو تحت برجٍ قديمٍ، وقد وصل الفريق الَّذي أجرى الدِّراسة إلى مخزن أحد الغربان، فوجد فيه يدَ فنجانٍ، وقطعةً من مرآةٍ مكسورة، ومعادنَ أخرى تلمع لكنَّها تافهةٌ، ولا قيمة لها سوى اللَّمعان في الشَّمس. ومن هنا جاء المثل لكلِّ من يجمع أو يأتي بشيءٍ لا قيمةَ ماديَّةَ أو معنويَّة له.

يخلق من الشَّبه أربعين

وهنا قد يكون للرَّقم أربعين أهميَّةً عند العرب؛ لأنَّهم يقولون أيضًا: «من عاشر القوم أربعين يومًا، صار منهم»، وكذلك: «عيار الشَّبع في الطَّعام أربعون لقمةً»، وكذلك: «جارك حتَّى البيت الأربعين»، وهناك روايةٌ تقول إنَّ أصل الكلمة فارسيٌّ، ومعناه الكثير...

دقُّوا على الخشب

ويُقال في سياق حماية أيِّ شخصٍ من الحسد والغِيرة، وقصَّة المثل ترجع إلى عهد الأقباط القدامى، حيث دائمًا يدعون إلى التَّمسك بالخشبة المقدَّسة الَّتي تحفظهم من كلِّ شيءٍ، وهي تمثِّل من وجهة نظرهم البركة والحصانة من كلِّ شرٍّ، والتَّمسُّك بها يعني التَّمسُّك بالصَّليب، والتَّبرُّك به، ثمَّ تحوَّلت تلك العادة مع مرور الزَّمن إلى عادة لمس أيِّ شيءٍ مصنوعٍ من الخشب؛ لتحصين النَّفس من الأذى والحسد.

رُبَّ أخٍ لك لم تلده أمُّك

يوحي هذا المثل لعلاقة الوفاء بين شخصين، لكنَّ القصَّة لها معنى مغاير، حيث مرَّ لقمان الحكيم وهو في طريقه بإحدى الخيم ليشرب قليلًا من الماء، فوجد فيها امرأةً تجالس رجلًا، فسقته الماء، لكن لفت نظره طفلٌ يبكي في الخيمة من دون أن يكترث له أحد، فسألها: «لمن هذا الطفل؟» فقالت: «لزوجي»، سألها حينها عن الرَّجل الَّذي تجالسه، فقالت: «هذا أخي».

فردَّد عبارة: «رُبَّ أخٍ لك لم تلده أمُّك»، وكأنَّه يقول لها إنَّه فهم أنَّ هذا الرَّجل ليس شقيقها، وخرج من الخيمة.

مثل القطّة بسبع أرواح

يُضرب هذا المثل في الأشخاص الَّذين تواجههم الكثير من النَّوائب، ولكن في النِّهاية يخرجون منها واقفين على أقدامهم، وشُبِّهوا تحديدًا بالقطط؛ لأنَّها تقفز من أماكنَ مرتفعةٍ، وتقع ولا يحصل لها أي أذى.

القشَّة الَّتي قسمت ظهر البعير

تعود قصَّة هذا المثل إلى أعرابيٍّ كان مسافرًا في الصَّحراء، فقام بتجميع أمتعته _الَّتي قد تحتاج إلى خمسةِ جمالٍ_ على ظهر جمل واحدٍ، حيث تحمَّلَها ذلك الجمل بكلِّ جبروتٍ وقوَّةٍ، ولم يسقطْ على الأرض، بل بقي شامخًا، لكنَّ الأعرابيَّ انتبه لبقاءِ شيءٍ صغيرٍ جدًّا من أمتعته قد يكون بوزنِ قشَّةٍ واحدةٍ، فوضعها على ظهر بعيره، فانهار الجمل ووقع أرضًا، فقال النَّاس ممن شهدوا ذلك: «هذه هي القشَّةُ الَّتي قسمت ظهرَ البعير».

يا عيب الشُّوم عليك

وقصَّة هذا المثل تعود إلى فتاةٍ بدويَّةٍ في غاية الجمال، كانت

تتنزَّه فصادفت في طريقها زهرةً جميلةً جدًّا، يُطلق عليها اسم «الشُّوم»، وتتميَّز تلك الزَّهرة بالمواد التَّي تفرزها عند لمسها، إذ قامت تلك الفتاة بلمس الزَّهرة، فلطَّخت ثوبها الجميل، فردَّدت عبارة: «يا عيب الشُّوم». ومن هنا أصبحت الكلمة تدلُّ على الشَّيء المخزي والمعيب.

كلُّ شيءٍ عند أم ترتر

وقصَّة المثل تعود إلى «أمِّ ترتر»، وهي امرأةٌ قويَّةٌ ذات لسانٍ سليطٍ، تتطاول على الجميع، وتفرض نفسها عليهم بشخصيتها القويَّة، وكان عندها فوق السُّطوح مزرعةٌ لتربيةِ الدَّواجن والبَطِ، وعندما كانت دجاجات أو ديوك الجيران تأتي إلى سطح أم ترتر تختفي، حيث تقوم بذبحها وتقديمها وليمةً لزوجها، طبعًا بعدَ إخفاء معالم ما فعلته، ومن هنا، كلَّما فُقد ديكٌ أو دجاجةٌ في الحيِّ يُقال: «عند أم ترتر». ولكن لم يكن هناك أحدٌ يجرُؤ على سؤالها عن ذلك؛ لأنَّه يعرف عاقبةَ السُّؤال.

بلغ السَّيل الزُّبى

والزُّبى مفردها زُبية، وهي الحفرة التَّي يحفرها الصَّياد لاصطياد

الحيوانات المتوحِّشة، والزُّبية هي تلةٌ مرتفعةٌ لا يبلغها الماء.

وفي الرِّواية قِيل إنَّ رجلًا حفر حفرةً لاصطياد أسدٍ، لكن في ذلك الوقت أمطرت السَّماء مطرًا شديدًا، وجرت السُّيول، فانطمرت حفرة الصَّياد بالماء؛ فقال: «بلغ السَّيلُ الزُّبى».

إنَّ وراء الأَكَمَة ما وراءها

الأَكَمَة تعني: «التَّل المرتفع من الحجارة»، وقصَّة المثل تعود إلى خادمةٍ في إحدى المنازل، كانت

تواعد شخصًا وراء الأَكَمَة بعد أن تتفرَّغَ من عملها، لكنَّ حصل أن كان عندها عملٌ كثيرٌ، ولم تستطع الإفلات والذَّهاب إلى موعدها، فأخذت تردِّد: «أنا هنا، ووراء الأَكَمَة ما وراءها». ويُقال فيمن يريد أن يفشي أمرًا كان مستورًا.

من حفر حفرةً لأخيه وقع فيها

وقصَّة المثل؛ هي:

كان هناك أخوان: الأوَّل كان تاجرًا مرموقًا، ومن أصحاب الجاه والمال، ويملك متجرًا كبيرًا، بينما كان الأخ الثَّاني فقيرَ

الحال وأعمى. وكان هذا الأخ الفقير كلَّما مرَّ من أمام متجرِ أخيه بعصاه وثيابه المتَّسخة، يخجل الآخر الغني من منظرِه أمام أصدقائه، فبدلًا من مساعدته، قرَّر التَّخلص منه، فاستدعى خدمه، وأمرهم أن يحفروا حفرةً عميقةً عندما يسدل اللَّيل ستاره، وحين يمرُّ الأعمى فجرًا وهو ذاهبٌ إلى صلاة الفجر يقع في الحفرة، ثم يقومون بإلقاء التُّراب عليه ودفنه. وعندما جاء وقت صلاة الفجر خرج الرَّجل الغني من بيته، ونسي أمر الحفرة فوقع هو فيها، وخدمُه لم يستطيعوا تمييزه، فأهالوا التُّراب عليه ودفنوه.

وفي الصَّباح لم يأتِ الغنيُّ ليفتح متجره، وخدمه كانوا ينتظرونه، وإذا بالرَّجل الأعمى يظهر من بعيدٍ ضاربًا الأرض بعصاه، فذُهل الخدمُ، واصفرَّت وجوههم، فقال عندها أحدهم: «من حفر حفرةً لأخيه، وقع فيها».

وصار ذلك مثلًا عربيًّا يدلُّ على أنَّ الغدر قد ينقلب على صاحبه، ويقع في شرِّ أعماله.

وهناك قصَّةٌ ثانيةٌ لهذا المثل؛ هي: أراد رجلٌ أن يضرب زوجتَه، فضربها بالعصا عدَّة مرَّاتٍ، فماتت صدفةً من دون أن يقصد قتلها، وكان الهدف تأديبها، فخاف من عشيرتها، ولم يجد حيلةً للخلاص من شرِّهم، فخرج من منزله وقصَّ القصَّة على رجلٍ معروف

بالدَّهاء، فقال له ذلك الشَّخص: «إنَّ طريق الخلاص هو أن تعثرَ على شخصٍ جميلِ الصُّورة، و تدعوه لبيتك بعنوان الضِّيافة، ثم اقتلْه، وضعْ جسده بجانبِ جنازة زوجتك، وقلْ لعشيرتها إنَّك وجدت هذا الشَّابَّ يزني معها، ولم تتحمَّل، فقتلتهما معًا».

وحين سمع الحيلة منه جلس على باب داره حتَّى جاء شابٌّ وسيمٌ، فأصرَّ عليه أن يدخل المنزل، فدخل وقتله. ولمَّا جاء أقرباء الزَّوجة، وشاهدوا الجثَّتين، قصَّ عليهم القصَّة فتكتَّموا على ما جرى، وطلبوا منه أن يدفن الجثث بسرعةٍ، وانطلت عليهم الحيلة. لكنَّ ذلك الرَّجل الدَّاهية _صاحب الحيلة_ كان له ولد، ولم يرجع إلى منزله ذلك اليوم، فاضطرب وذهب إلى بيت ذلك الزَّوج القاتل، وسأله عن الحيلة الَّتي علَّمه إيَّاه إن نفَّذها، فقال: «نعم»، فطلب منه أن يرى ذلك الشَّاب، فلمَّا كشف عن جثتة ورآه، وجد أنَّه ابنه، وقد قُتل بسبب حيلة أبيه.

كما تدين تُدان

وقصَّة هذا المثل؛ هي:

كان هناك عجوزٌ يعيش في بيت ابنه مع حفيده، تقدَّم العجوز في السِّنِّ، ولم يعد قادرًا على الأكل بشكلٍ جيِّدٍ؛ لأنَّ الرَّجفة في

يديه ازدادت، وضعُف نظرُه، والَّذي حدث أنَّه في إحدى المرَّات بينما كان يأكل سقط الطَّبق من يده وانكسر، فغضبت الزَّوجة، وألقت جام غضبها على زوجها، وطلبت منه وضع حدٍّ لأبيه، فكَّر في الأمر، وقرَّر أن يُطعم أباه في صحنٍ خشبيٍّ، والطِّفل يراقب ما يحدث مع جدِّه بصمتٍ، ولكنَّ المأساة استمرَّت، فتجنبًا لذلك، أجبروه على الجلوس لتناول الطَّعام منفصلًا عنهم، بينما باقي أفراد الأسرة يستمتعون بتناول الطَّعام على المائدة. تدهورت حالة العجوز، وبعد فترةٍ وجيزةٍ توفَّى، فأراد الزَّوج والزَّوجة التَّخلصَّ من أمتعته وإعطائها إلى الفقراء أو إتلافها، لكنَّ الولد أصرَّ إصرارًا شديدًا على الاحتفاظ بالصَّحن الخشبيِّ، فسأله الوالد: «لماذا تريد الاحتفاظ بهذا الشَّيء؟»

فأجاب الولد: «كي أطعمك منه أنت وأمي عندما تكبران». ومن هنا أتت العبرة: (كما تدين تُدان).

ومن القصص أيضًا:

في قديم الزَّمان تزوَّج رجلٌ، وفي أوَّل يومٍ من الزَّواج، اجتمع حول الطَّعام مع أمِّه وزوجته، فقدَّم الطَّعام الكثير، والاهتمام الكبير لزوجته كونها هي عروسٌ في يومها الأوَّل، وقدَّم لأمِّه شيئًا بسيطًا من الطَّعام بلا اهتمامٍ. لاحظت الزَّوجة ذلك، وكانت حكيمةً أصيلةً، فقالت له: «طلِّقني الآن». توسَّل إليها أن تتراجع

عن قرارها، وقال لها: «ما سبب طلبك للطَّلاق؟»

فقالت: «إنَّ العرقَ دسَّاسٌ، ولا أريد أن أنجب منك ولدًا وأُهان منه كهذه الإهانة».

للأسف، بعض النِّساء عندما يفضِّلها زوجها على أمّه تعتقد إنَّها انتصرت، وستكون مرتاحةَ البال، وتنسى أنَّها كما تدين ستُدان.

تطلَّقت منه، ورزقها الله زوجًا بارًا بأمّه. ومرَّت السِّنين، وأنجبت أولادًا، وفي يومٍ كانت مسافرةً على ناقةٍ وعليها هودج، وكان أولادها يعتنون بالهودج حتَّى لا تقع، وفي الطَّريق شاهدت قافلةً تمشي، ويتبعها رجلٌ كبيرٌ في السِّن حافي القدمين خلف القافلة، يمشي ولا يعتني أحدٌ به. فقالت لأولادها: «ائتوني بهذا الرَّجل»، فإذا هو زوجها السَّابق، قالت له: «أعرفتني؟»

قال: «لا».

قالت: «أنا زوجتك السَّابقة، ألم أقل لك إنَّ العرق دسَّاس، وكما تدين تدان، انظر إلى أولادي البارِّين كيف يعتنون، بي وانظر إلى حالك، أين أولادك؟ لأنَّك أهنت أمَّك كان هذا جزاؤك».

ثمَّ قالت لأولادها: «اعتنوا به حسنةً لوجه الله تعالى».

وهكذا أصبحت مثلًا شعبيًّا محفورًا في الذَّاكرة.

السَّرسري وأخو الشَّليتي

«الشَّليتي والسَّرسري» أو «أخو الشَّليتي» مصطلحٌ يتداول في بلاد الشَّام بشكلٍ عامٍّ، وأحيانًا لا تستعمل للفاسدين فقط، بل تُقال للإنسان المُحتال والذَّكي أيضًا. وتعود هذه التَّسمية إلى أيَّام الدَّولة العثمانيَّة، حيث انتشر فَسَادُ تلاعب التُّجار بالأسعار كما يريدون، تمامًا كما يحدث في أيَّامنا هذه، فارتفعت صرخة النَّاس إلى أن وصلت إلى الدَّولة العثمانيَّة العليا الَّتي قامت بتعيين موظَّفٍ لمراقبة الأسعار، ووضع حدٍّ لجشع وطمع التُّجار، وكانوا يطلقون عليه اسم «الشليتي»، إلَّا أنَّ التُّجار كانوا أقوى منه، وأخضعوه لسيطرتهم عن طريق الهدايا والرَّشاوى، فازداد تذمُّر النَّاس، ما اضطرَّ الدَّولة العليا إلى إرسال شخصٍ آخرٍ اسمه «السَّرسري» ليراقب مدى نزاهة «الشليتي» والمتعاونين معه، وأن يضع حدًّا لهم، لكن السَّرسري ومن لفَّ لفَّه أصبحوا أيضًا كالخاتم بيد التُّجار، فازدهرت «الشليتية» و«السَّرسريَّة»، وازداد جشع التُّجار، وعمَّ الظُّلم بين النَّاس، فلم يعدْ يوجد من يضبط جشع التُّجار أو فساد وجشع السَّرسري والشليتي، وقد أُطلق على السَّرسري اسم أخو الشليتي، فعاثا فسادا في الأرض.

كلمة شليتي في اللُّغة العربيَّة مشتقَّة من شَلَتات، وشَلْتات،

وتعني الوسادة المحشوَّة بقطنٍ أو ريشٍ، وتُستعمل للاتِّكاءِ عليها، أو الاستناد إليها. وهناك من يقول إنَّ «الشليتي» يعني بالتركيَّة السِّروال.

ما فيه دومري بالشّارع

الرِّواية الأولى تعود إلى زمنِ العثمانيين، حيث إنَّ الدُّومري هو الرَّجل الَّذي كان يُشعل الفوانيس والقناديل في الأزقَّة القديمة قبل عصر الكهرباء، وعندما يشتدُّ البردُ في الشَّارع حتَّى «الدُّومري» يختفي.

وهناك روايةٌ ثانيةٌ تقول: إنَّ أصل الكلمة يعود إلى الاحتلال الفرنسيِّ في بعض بلاد العرب، حيث كان يفرض منع التَّجوُّل؛ فيُقال بالفرنسيَّة: «pas d'homme a rue»، أي لا نريد شخصًا في الشَّارع، فأُخذت من الفرنسيَّة وقيلت باللغة العربية: «ولا دومري بالشارع».

مطرح ما خري شنقوه

ويُقال بطريقةٍ أخرى: (مطرح ما عملها شنقوه).

وقصة هذا المثل؛ هي: كان يعيشُ في عهدِ الأمير حيدر الشّهابي

رجلٌ يحذو أرجل الحيوانات، أي يضع لهم نضوةً، أتاه في أحد الأيَّام شخصٌ معه جَملٌ أعرج طالبًا منه علاجه، فقال له:

«جملك حافٍ، ويحتاج إلى حذاء».

صدَّق الرَّجل الحيلة، فقام هذا البيطري، وحذا رِجل الجمل، وأخذ منه مبلغًا مقابل ذلك، فسار الرَّجل بجمله في دير القمر وأزقتها، والنَّاس يلحقون به، ويضحكون عليه، فوصلت القِصَّة إلى الأمير، فاستدعى البيطريَّ، وعنَّفه، وبصق عليه أمام الجموع الموجودة، وأجبره على إعادة المال إلى صاحبه. وبعد مدَّةٍ من هذه الحادثة سمع البيطريُّ أنَّ الأمير في أيَّامه الأخيرة ينازع الموت، فأقسم أمام زوجته بشرفه أن يتغوَّط على قبر الأمير عند موته انتقامًا لشرفه المهدور، وكانت زوجته تشجِّعه على ذلك، وتتهِّمه بالجبن، فانسلَّ تحت جنح الظَّلام إلى قبر الأمير؛ ليتغوَّط على قبره، فوقع بين يدي حرَّاس القبر، فألقوا القبض عليه، واقتادوه إلى الأمير ملحم الَّذي حاول عبثًا أن يستدرجه بالكلام؛ ليعرف سبب مجيئه، ولم يستطع، فحكم عليه بالشَّنق فوق قبر الأمير حيدر، بعدها وصل الخبر إلى زوجته الَّتي كانت تعرف سبب إعدامه؛ فقالت:

«مطرح ما خري شنقوه»، وجرى هذا القول مثلًا.

عاملة السَّبعة وذمتها

كثيرٌ من الأحيان نكرِّر الأمثال من دون معرفة معناها، وأحيانًا قصَّة المثل تكون أجمل من المثل نفسه، ومن دون فهم القصَّة لايكتمل فهمنا للمثل. فمثلًا قصَّة (عاملة السَّبعة وذمتها) مليئةٌ بالعبر والحكم المفيدة، وتصلح لكلِّ زمانٍ ومكانٍ.

والقصَّة تعود إلى زمن الوالي العثمانيِّ المصلح «مدحت باشا» في دمشق، حيث كان هناك خيَّاطةٌ في حيِّ القنوات اسمها ميرفت، مشهورةٌ بشطارتها في عملها، وكانت النَّاس تسافر حتَّى من منطقة «الميسات والمهاجرين» لتخيِّط عندها، ومع الإصلاحات الَّتي جاء بها مدحت باشا، صارت ترِدُ صور الملابس من أوروبا، وكانت وقتها موضة الفساتين (قبة سبعة مفتوحة)، والخيَّاطة ميرفت كانت أوَّل من تعلَّم كيفيَّة صنعها، وبعد فترةٍ انتشرت الموضة، وتعلَّم كثيرٌ من الخيَّاطات كيف يصنعون تلك الفساتين، لكنَّ هذه الموضة بطُلت فجأةً، ودرجت فساتين (قبة سبعة مزمومة)، حيث كانت خِياطتها صعبةً، ولم يجد ذلك غير ميرفت المشهورة، إذ كان النَّاس عند ذهابهم إليها يسألون ما إذا كانت تخيِّط من تلك الفساتين، فيجيبهم الآخرون: «إنَّها تعمل السَّبعة وزمتها» _بحرف الزَّين وليس الذَّال_ فيدخلون فورًا. ومن وقتها

صارت القصَّة مثلًا متداولًا، ولكن مع الأيَّام تمَّ تحوير المثل من خلال استبدال حرف الزَّين بحرف الذَّال، وأصبح: «بتعمل السَّبعة وذمتها»، وبمعنى آخر: «مسبِّعة القارَّات»، وأيضًا: «دايري على حل شعرها».

رجع بخفَّي حُنين

كان حُنَين صانع أحذيةٍ من أهل الحيرة، جاءه أحد الأعراب يريد شراء خفَّين من عنده، لكنَّ الأعرابيَّ أراد أن يأخذ الخفَّين بثمنٍ بخسٍ، فبدأ يساومه على سعرهما حتَّى فقد الأمل من الجدال ورحل. غضب حنين من الأعرابيِّ، وقرَّر أن ينتقم منه، فسبقه ورمى أحد الخفَّين على الطَّريق، ثمَّ ألقى الآخر بعد بضعة أمتارٍ، وانتظر متخفِّيًا إلى أن وصل الأعرابي إلى الخفِّ الأوَّل؛ فقال: «ما أشبه هذا بخفِّ حنين، لو كان معه الخفُّ الآخر لأخذته». واستأنف طريقَه، فإذا بالخفِّ الآخر مرميًّا على الطَّريق، فنزل عن ناقته والتقطه، فندم على تركه للأوَّل وقد حصل على الثَّاني، فعاد سيرًا ليأخذ الخفَّ الأوَّل، عندها خرج حُنين من مخبئه، وأخذ النَّاقة بما عليها وهرب. عاد الأعرابيُّ إلى قومه، فسألوه: «بم جئتنا من سفرك؟»

فقال: «جئتكم بخفَّي حنين»، وجرت مثلاً يُقال للخائب.

عصفور في اليد خير من عشرة على الشجرة

يُقال المثل للشَّخص الَّذي يتَّصف بصفة الطمع، وينظر إلى ما بيد غيره حتَّى يزول ويخسر كلَّ شيءٍ.

هذا المثل له العديد من الرِّوايات والقصص، وكلُّها تؤدِّي إلى المعنى نفسه؛ وأشهرها:

كان هناك شخص يحمل عصفوراً بيده، وفي وأثناء سيره وجد مجموعة عصافير على الشَّجرة، فطمع بهم، ومن شدَّةِ الطَّمع ألقى بالعصفور الَّذي بيده للصعود إلى الشَّجرة والحصول على مجموعة العصافير، لكنَّه لم يفكِّر بأنَّ العصافير ستطير بمجرد الوصول إليها. وبالفعل هذا ما حدث، وبقي وحيداً حزيناً. ومن هنا جاء المثل

عند جهينة الخبر اليقين

يُحكى أنَّ رجلين من قبيلة جهينة تعاهدا على أمرٍ في غاية السُّوء، وهو سلب أيِّ شخصٍ يمكن أن يصادفاه، و كانا يحذِّران بعضهما كي يأمنا من الغدر، فنزلا ضيفين على رجلٍ من قبيلة لخم، كان عائدًا من تجارته، فقتلاه وسلبا أمواله، ومن ثمَّ قام أحدهما بغدر صاحبه وقتله، وأخذ كل الغنائم، وكانت له أخت

أخذت تبكيه، فهي لا تعلم عنه شيئًا، فأنشد الشَّخص الَّذي قتله، وقال:«وعند جهينة الخبرُ اليقينُ». فذهبت كلماته مضربًا للأمثال، وبناءً عليه يُضرب هذا المثل للَّذي يريد أن يتيَّقن من الأخبار الصَّادقة والصَّحيحة.

اختلط الحابل بالنَّابل

معنى المثل هو عدم استطاعة التَّفرقة بين الشَّيء الجيِّد والسَّيء، وأخذ الجيِّد بذنب السَّيء، والحابل هو من يرمي بالرّمح في الحرب، والنَّابل هو من يرمي بالسِّهام، وقد يختلطا ببعضهما في الحرب، وفي روايةٍ أخرى يُقال إنَّ الحابل هو من يمسك بحبال الخيول والجمال.

لا ناقة لي فيها ولا جمل

هي قصَّة الحارث بن عباد الَّذي رفض المشاركة في حرب البسوس بين تغلب وربيعة، وقد كان سبب الحرب أنَّ كليبًا قتل ناقة البسوس، فقام «جسَّاس» لقتل جمل كليب، لكنَّه قتل كليبًا نفسه، فاشتعلت الحرب بينهم، ولما دُعي ابن عباد إلى الحرب رأى أنَّها حربٌ غير محقَّة، لا لطرف الزِّير سالم أخي كليب المقتول، ولا

لطرف مرَّة بن ربيعة والد جسَّاس القاتل، فأبى النُّزول؛ وقال: «لا ناقتي فيها ولا جملي»، فصارت جملته هذه مضرباً للمثل تدلُّ على البراءة من الأمر.

وعد عرقوب

وقصَّة هذا المثل؛ هي:

كان هناك أحد الأعراب واسمه عرقوب، عنده أخٌ وكانا يملكان نخلةً، فسأل الأخ عرقوب أن يعطيه من إنتاج هذه النَّخلة المشتركة، فقال له: "انتظر، حين تُثمر النَّخلة سأعطيك طلعها"، فلمَّا أثمرت جاءه يطلب ما وعده به، فما كان من عرقوب إلَّا أن قال له: "دعها حتَّى تصير بلحًا"، فلمَّا صارت قال له: "انتظر حتَّى تصبح زهوًا"، فلمَّا صارت أتاه، فقال له: "انتظر حتَّى تصبح رطبًا"، ولمَّا صارت رطبًا أتاه، فقال له: "انتظر حتَّى تصبح تمرًا"، فلمَّا صارت تمرًا، ذهب عرقوب إلى النَّخلة وقطعها، ولم يعطِ أخاه منها شيئًا. فصار وعد عرقوب مثلًا لمن يخلف بالوعد.

مياهكم مالحة ووجوهكم كالحة

قصَّة هذا المثل؛ هي:

ألقيت عدَّة كلماتٍ خلال حفلٍ تأبينيٍّ بمناسبة وفاة أحد وجهاء قرية عيترون، وكان حاضرًا هناك أبو علي، وهو مشهور بالزَّجل والقراديات، وأراد إلقاء كلمة بتلك المناسبة؛ لأنَّ المتوفَّى صديقه، لكنَّ عرِّيف الحفل لم يفسح له المجال، فاستشاط غضبًا، ووقف أمام الحضور قائلًا: «مياهكم مالحة، ووجوهكم كالحة، ويلعن دينكم كلكن»، وغادر الحفل غاضبًا.

من تدخَّل في ما لا يعنيه، يلقى ما لا يرضيه:

يُحكى أنَّ فلَّاحًا كان لديه ثوران لحراثة أرضه، وحمارٌ يركب عليه عندما يذهب إلى عمله. وحدث أنَّ الحمار أراد في إحدى اللَّيالي أن يمدَّ حديثًا مع أحد الثَّورين، فسأله عن صحته وأحواله، فقال الثَّور: «إنَّه مرهقٌ من التَّعب؛ لأنَّ صاحبه الفلاح يرهقه من الصَّباح إلى المساء». فنصحه الحمار قائلًا: «دع طعامك، ولا تأكله هذه اللَّيلة، فيظنُّ صاحبنا أنَّك مريضٌ، ويعفيك من عملك». وافق الثَّور، ولمَّا جاء الفلَّاح عند الصَّباح، ووجد عليق الثَّور في معلفه، قال: «لا بدَّ أن يكون الثَّور مريضًا»، فتركه وأخذ الحمار، فربطه إلى

جانب الثَّور الآخر، وفلح عليه حتَّى المساء. فشعر الحمار بكثيرٍ من النَّدم؛ لأنَّ نصيحته للثَّور سبَّبت له كثيرًا من المشقَّة، وقال: «صدق من سمَّاني حمارًا، وما حدث اليوم دليلٌ على حمرنتي». ولمَّا رجع المساء، شكره الثَّور؛ لأنَّه عمل بنصيحته، فارتاح في ذلك النَّهار، وقال: «لا بدَّ أن تكون عندكَ نصائح أخرى مفيدة يا أخي الحمار، فلا تبخل عليَّ بها.''

قال الحمار: «ليس عندي غير نصيحةٍ واحدةٍ، أنصح نفسي بها قبل الآخرين؛ وهي:

''من تدخَّل في ما لا يعنيه، يلقى ما لا يرضيه». وجرى جواب الحمار مجرى المثل إلى يومنا هذا.

ضاعت الطَّاسة

يسمع الكثيرون منَّا هذا المثل، ولكنَّ جزءًا كبيرًا لا يعرف قصَّته. يُحكى إنَّه كان في إحدى الممالك ملكٌ، وكانت زوجته حامل. اجتمعت الرَّعيه لحضور ولادة وليٍّ أو وليَّة العهد. وكان في القصر دايةٌ (قابلةٌ)، وكانت موثوقةٌ من الجميع؛ لأنَّها لا تكذب.

دخلت الدَّايه لتوليد زوجة الملك، وانتظر كبير الوزراء ليزفَّ

البشرى له، سمع الوزير صراخ المولود، فوقف عند باب الغرفة ليكون أوّل من يتلقّى البشرى، خرجت الدّاية، وطلب منها الوزير أن تبشِّره، فقالت: «المولود ذكر، وابن حرام».

قال الوزير: «ماذا تقولين؟ هذه زوجة الملك»

ـ أنا لا أغيّر كلامي، المولود ابن حرام.

ـ كيف عرفتِ؟

ـ الطّاسة لا تكذب، كلُّ طفلٍ أضعه بعد الولادة في الطّاسة، فإذا طفا يكون ابن حرام، وعكس ذلك يكون ابن حلال.

فقال الوزير: «أرني الطّاسة»، أحضرت القابلة الطّاسة، فأخذها الوزير، وأمر برميها في البحر، وقال لها: «والآن اخرجي، وقولي للجميع ضاعت الطّاسة، فهكذا تحفظين كرامة الملك».

والقصّة الثّانية:

في عهد الأمير بشير الثّاني الشّهابي أحد أمراء جبل لبنان، قام هذا الحاكم بتوحيد المكاييل، ووضع نظام الصّاع، أي (الطّاسة) لتسهيل عمليّة مراقبة التُّجار والغشِّ التّجاريِّ، والعودة إلى مرجعٍ متّفقٍ عليه عند نشوب الخلاف بين التّاجر والمستهلك، وذلك عن طريق صناعة نموذج لـطاسة ذات حجمٍ ومقاسٍ محدَّدٍ على جميع الباعة والتُّجار، والالتزام به عند البيع والشّراء، فتمَّ إيداع

(الطَّاسة) في مقرِّ الإمارة، بعد فترةٍ من الزَّمن نشب خلافٌ على (الطَّاسة) الَّتي يُكال بها القمح _الصاع بالبدويَّة_ بين عددٍ من التُّجار والمواطنين، فقرَّروا الاحتكام إلى الطَّاسة المحفوظة في مبنى الإمارة، لكنَّهم لم يجدوها، فقال النَّاس: (ضاعت الطَّاسة)، دلالةً على انعدام المقاييس، وضياع المعايير.

وهناك قصَّةٌ أخرى: ومثل ذلك (الطَّاسة ضايعة)، والتَّعبير كنايةٌ عن الفوضى العامّة، أي كما يحصل في حمَّام السُّوق حين تضيع الطَّاسة الَّتي يستخدمها المستحمِّون لصبِّ الماء على أجسادهم، فتعمُّ الفوضى ويعلو الصُّراخ، عندها يقولون: «ضاعت الطَّاسة»، حيث تعلو الأصوات والضَّجيج، فلا يفهم أحدٌ أحدًا.

إذا أقبلت باض الحمام على الوتد، وإذا أدبرت بال الحمار على الأسد

وقصَّة هذا المثل؛ هي:

كان يا ما كان في قديم الزَّمان، رجلٌ يُدعى أسد، وهو رجلٌ غنيٌّ وابن الوالي، وحاكمٌ مرَّت عليه الأيَّام، عاش في رغدٍ إلى أن مات والده، وبعد فترةٍ تغيَّرت الأحوال، وانقلبت رأسًا على عقب، وأصبح أسد رجلًا فقيرًا لا يجد قوت يومه. ساءت أحواله

يومًا بعد يوم، وفي أحد الأيَّام قرَّر أن يغادر بلاده للبحث عن عملٍ في بلادٍ أخرى. جال في بلدانٍ كثيرةٍ، ولم يحالفه الحظُّ بعملٍ جيِّدٍ، إلى أن قاده حظُّه العاثر، وحصل على عملٍ عند أحد التُّجار الكبار، ولكنَّه لم يفصح عن شخصيته، وعن اسمه الحقيقيِّ، وكان العمل هو إطعام الخيول والحمير، وتنظيف أحواشهم. قبِل أسد بالعمل، وبدأ رحلة الكدِّ، والعناء، والشِّدة بعد ما كان في بحبوحة. بدأ العمل، واستمرَّ فيه فترةً من الزَّمن رغم التَّعب و عناء الساعات الطَّويلة. وفي أحد الأيَّام كان ينظِّف (حوش الحمير)، ومن شدَّة تعبه غلبه النُّعاس، ونام في الحوش، ولِحظِّه العاثر أتى أحد الحمير، ووقف فوقه وهو نائم، وبال عليه، فاستيقظ، وقال: «إذا أقبلت باض الحمام على الوتد، وإذا أدبرت بال الحمار على الأسد».

وكان التَّاجر مارًّا بالقرب من مكان أسد، فسمعه يقول ما قاله، فناداه وقال: «سمعتك تتكلَّم، ماذا تقول؟»

قال أسد: «أبداً لم أقل شيئًا».

أصرَّ التَّاجر على سماع ما قاله، فأعاد له الكلام. فسأله إن كان اسمه أسد، فأجاب بنعم، بعدها سأله: «ولماذا أخفيت عنِّي اسمك الحقيقي؟»

قال أسد: «أنا شخصٌ معروفٌ في بلادي، وأنا ابن الوالي، وحاكم أيضًا، ولكن دارت الأيَّام وجعلتني بهذا الحال، لذا أخفيت شخصيَّتي، وغيَّرت اسمي».

قال له التَّاجر: «من هذه السَّاعة أنت نائبي، ومستشاري، ووكيلي، سأذهب وأشتري لك ما شئت من الملابس، فعملك الآن معي، ومقامك من مقامي».

وهنا تغيَّرت أحوال أسد وتحسَّنت، وأصبح مستشارَ كبيرِ التُّجار، وله مقامه بين النَّاس.

وفحوى القصَّة أنَّ الأحوال تتغيَّر وتتبدَّل، وهذا ليس مستحيلًا، فقد تجور الأيَّام أحيانًا على من له ثورة، ويذلُّ، ويصبح في الحضيض (عزيز قوم ذل)، وربَّما يكافح ويكابد شخصٌ آخر إلى أن يصل إلى القمَّة، والزَّمن كما يقولون غدَّار.

النِّساء أوَّلا

هذه العبارة لها قصَّةٌ عجيبةٌ حدثت في إيطاليا في القرن الثَّامن عشر ميلادي، ومفادها أنَّه كان هناك شابٌّ من إحدى الأُسَر الغنيَّة في إحدى مقاطعات إيطاليا وقع في حبِّ فتاةٍ من أُسرِه، وهي أقلَّ منه في المستوى المعيشي، ومن حيث الطَّبقة الَّتي

تنتمي إليها، اتَّفق الاثنان على الزَّواج، ولكنَّ الشَّاب لَقِيَ معارضةً من قِبل أسرته الَّتي اضطرَّت لتهديده بعدم مباركة هذا الزَّواج، كثرت الضُّغوط على الشَّاب وعلى الفتاة، وقرَّرا ألَّا يفرِّقهما إلَّا الموت، وبالفعل بعد أن كثرت الضُّغوط خافا أن يفترقا، وقرَّرا أن ينتحرا، فتوجَّها إلى صخرةٍ عاليةٍ جدّاً مطلَّةٍ على البحر، عندها قرَّرت الفتاة القفز أوَّلًا، ولكنَّ الشَّاب منعها من القفز بحجَّة أنَّه لا يستطيع أن يراها تموت أمامه، واتَّفقا على أن يقفز الشَّاب أوَّلًا، وبالفعل قفز الشَّاب، وسقط، ومات، ولكن عندما رأت الفتاة هذا المنظر غيَّرت رأيها، وغدرت بالشَّاب، وعدلت عن مرافقته في الموت، ورجعت إلى البلدة، فتزوَّجت شخصًا آخر من طبقتها، وخانت حبيبها الَّذي ضحَّى بنفسه من أجلها، وعندما علم أهل القرية بذلك قرَّروا أن تكون النِّساء أوَّل من يتقدَّم بالأعمال. ومن هنا جاء هذا المثل.

أُكلت يومَ أُكل الثَّور الأبيض

قصَّة هذا المثل؛ هي:

كان يعيش في إحدى الغابات أسدٌ وثلاثة ثيرانٍ: «واحدٌ أبيض اللَّون، وآخرٌ أسود، والثَّالث أحمر»، فأخذ الأسدُ يفكِّر كيف

يستطيع أن يأكل هذه الثِّيران، ولكن ما كان يثير استغرابه وفضوله هو الوحدة بينهم. وذات يومٍ قال الأسد للثَّورين الأحمر والأسود أن وجود الثَّور الأبيض يشكِّل خطرًا كبيرًا علينا؛ لأنَّ لونه يختلف عن ألواننا، فلو تركتماني آكله، وتبقى الغابة لنا».

فقالا له: «هو لك».

أكله، ومضت الأيَّام، فجاء للثَّور الأحمر، وقال له: «لوني يشبه لونك، فدعني آكل الثَّور الأسود»، وافق الثَّور، فأكله، ولم يبقَ في الغابة إلَّا الثَّور الأحمر، حيث أصبح من السَّهل أكله؛ لأنَّه أصبح وحيدًا، فقال له الأسد: «سآكلك لا محالة».

فأجاب الثَّور: «أُكلت يوم أُكل الثَّور الأبيض».

يا بخت من كان النَّقيبُ خالَه

يعودُ تاريخ هذا المثل إلى إحدى عادات العرب قديمًا حيث كانوا يُعيِّنون لمن يتزوّج حديثًا شخصًا يقوم بخدمته، وتنفيذ طلباته، ويتولَّى رعايته لمدَّة أربعين يومًا، وكان اسم الشَّخص الَّذي يقوم بهذا «النَّقيب»، ومن هنا أتى أصل المثل الشَّعبيِّ «يا بخت من يكون النَّقيب خاله»، حيث إنَ الخال سيكون أكثر اهتمامًا بابن أخته، وأكثر عنايةً ورعايةً له. يُعدَّ هذا المثل أحد أكثر الأمثال

الشَّعبيَّة رواجًا في بعض البلاد العربيَّة، حيث يُقال هذا المثل عن الشَّخص الَّذي يتولَى أحد أقاربه أو معارفه منصبًا كبيرًا، فيتمكَّن من قضاء العديد من المصالح من دون أيِّ تعبٍ أو عناءٍ.

وافق شنٌّ طبَقة

كان رجلٌ من دهاة العرب وعقلائهم يُقال له: «شَنٌّ»، أراد أن يتزوَّج؛ فقال: «والله، لأطوفَنَّ حتَّى أجد امرأةً مثلي، فأتزوجها»، فبينما هو يسير أوقفه رجلٌ في الطَّريق، فسأله شن: «أين تذهب؟» فتبيَّن أنَّه ذاهبٌ إلى القرية الَّتي يقصدها شن، فرافقه، وفي أثناء سيرهما، قال له شنٌّ: «أتحملني أم أحملك؟»

فقال له الرَّجل: «يا جاهل، أنا راكب، وأنت راكب، فكيف أحملك أو تحملني؟!»

فسكت شنٌّ، وسارا حتَّى إذ اقتربا من القرية، وجدا زرعًا قد حُصد، فقال شن: «أترى هذا الزَّرع أُكل أم لا؟»

فقال له الرَّجل: «يا جاهل، ترى نباتًا محصودًا، فتقول أتراه أُكل أم لا؟!»

فسكت شنٌّ وسارا، حتَّى إذا دخلا القرية صادفا جنازًة، فقال شنٌّ: «أترى صاحب هذا النَّعش حيٌّ أم ميتٌ؟»

قال له الرَّجل: «ما رأيتُ أجهل منك! ترى جنازةً فتسأل عن صاحبها أميتٌ أم حيٌّ؟»

فمضى معه، وعندما وصلا إلى القرية رفض الرَّجل أن يترك شن حتَّى يصحبه معه إلى منزله، وكان للرَّجل ابنةٌ يُقال لها «طَبَقَةُ». فلمَّا دخل عليها أبوها سألته عن ضيفه، فأخبرها بمرافقته إيَّاه، وشكاها جهله، وما دار بينهم من حديثٍ.

فقالت: «يا أبتِ، ما هذا بجاهل، فأمَّا قوله: أتحملني أم أحملك؟ فأراد: أتحدِّثني أم أحدِّثك حتىَّ نجتاز طريقنا؟ وأمَّا قوله: أترى هذا الزَّرع أُكل أم لا؟ فإنَّما أراد به: أباعه أهله، فأكلوا ثمنه، أم لا؟ وأمَّا قوله: أترى صاحب هذا النَّعْش حيٌّ أم ميتٌ؟ فأراد: هل ترك عَقِبًا يحيا بهم ذِكْرُه أم لا؟»

ولمَّا فطن الرَّجل لمقصد شن، خرج وقعد معه، ثمَّ قال له: «أتحبُّ أن أفسِّر لك ما سألتني عنه؟» قال: «نعم»، ففسَّره.

فقال شنّ: «ما هذا من كلامك، فأخبِرْني مَنْ صاحبه؟»

فقال: «ابنتي».

فقال شن: «تلك الَّتي أبحث عنها».

فزوَّجه إيَّاها، وحملها إلى أهله، فلمَّا رأوهما قالوا: «وافق شَنٌّ طبقة». ومن هنا جاء المثل.

دخول الحمَّام مش مثل خروجه

افتـتح أحدُ رجال الأعمال حمَّامًا، وأعلن أن دخوله يوم الافتتاح سيكون مجانيًا، فجاءت الزَّبائن من كل حدبٍ وصوبٍ، كان صاحب الحمَّام يأخذ ملابسهم، أي يحجزها عند الدُّخول، ويرفض تسليمها لهم عند الخروج، إلَّا مقابل بدلٍ ماليٍّ يدفعه الزَّبون ليستعيد ثيابه، والزَّبائن يحتجُّون قائلين: «ألم تقل إنَّ دخولَ الحمَّام مجانيٌّ؟» فكان يردُّ عليهم: «دخول الحمَّام مش زي خروجه».

إجت الحزينة لتفرح، ما لقت الها مطرح

كان يا ما كان في قديم الزَّمان، كان هناك أسرةٌ سعيدةٌ تعيش في مدينةٍ صغيرةٍ، وكان لقب هذه العائلة «تفرح» وكان عندهم بنتٌ جميلةٌ كأنَّها القمر، إلَّا أنَّها رغم جمالها الأخَّاذ الَّذي تتمتَّع به، كان فيها عيبٌ بسيطٌ، وهو عصبيتها الشَّديدة. وفي يومٍ من الأيَّام كان شاه بندر التَّجار واسمه «مطرح» مارًّا في تلك القرية، وقرَّر أن ينام فيها ليلةً، فقالوا له: «لا يوجد بيتٌ كبيرٌ ومضيافٌ في هذه القرية إلَّا بيت «تفرح»، هو الوحيد الَّذي يتحمَّل زوَّارًا، فذهب إلى هناك، فوجدهم بمنتهى الكرم، وقد رحَّبوا به، وبينما هو عندهم،

رأى (الحزينة)، وهي ابنة صاحب الدَّار، وأسَرَه جمالها، وقرَّر أن يخطبها لولده الَّذي كان اسمه (الها)، وبالفعل طلب يدها، ووافقوا عليه.

مرَّت الأيَّام ودارت، وقرب يوم الزَّواج، وقُبيل ليلةٍ منه صارت مشكلةٌ بين «الحزينة» و«الها»، وصار بينهم خصامٌ شديدٌ؛ بسبب عصبيَّة ومزاجيَّة الحزينة، وفي اليوم التَّالي، قبل العرس بدأت الحزينة تفكِّر، وقالت: «أنا مخطئة، وعصبيَّتي ضيَّعتني، ويجب أن أتاسَّف وأعتذر منه»، اعتذرت، فرضي عنها ظاهريًّا، ولكن كان في باله فكرةٌ خبيثةٌ، وهي الإقلاع عن الزَّواج والهروب من دون أن يراه أحدٌ. وفي يوم العرس، أتت الحزينة بكامل أناقتها، والمفروض أنَّ «الها» ينتظرها، لكنَّه ذهب واختفى، تأخَّر الوقت، وبدأت النَّاس تتململ، وتخرج من العرس، وفي طريقهم كانوا يسألون: «أين العريس؟» فكان جواب الأهل: «إجت الحزينه لتفرح، ما لقت إلها مطرح». ومن هنا جاء هذا المثل.

متل تنابلة السُّلطان

وقصَّة التَّنابلة طويلة، لهم حكايةٌ شهيرةٌ في التَّاريخ. تقول الحكاية: إنَّ أحد السَّلاطين خلال الحكم العثمانيِّ، -وهو السُّلطان

عبد الحميد- كان قد أمر ببناء دارٍ للمسنِّين والعجزة في بغداد، يدخل إليها الرِّجال الَّذين تقدَّم العمر بهم، وأصبحوا عاجزين عن الإنتاج والعمل، والمقعدين، وممن ليس لهم أحدٌ يتكفَّل بإعالتهم من الأهل والأثرباء. ورصد السُّلطان مبلغًا محترمًا من المال لصرفه عليهم، ولكن ما لبث أن أخذ بعض المتسوِّلين والشَّحاذين يقصدون تلك الدَّار ليأكلوا فيها، ولإيجاد مأوى، مدَّعين أنَّهم من العاجزين، فيأكلون، ويشربون، وينامون من دون أيِّ تعبٍ أو دفع شيءٍ. فأصبح دار المسنِّين والمقعدين هذا – بمرور الوقت- يعيش فيه ما هبَّ ودبَّ من الكُسالى، والمتعاجزين، والتَّنابلة، والعاطلين عن العمل، والهاربين من مشقَّات الحياة.

وذات يومٍ جاء السُّلطان لزيارة تلك الدَّار، ليتفقَّد أحوالها، فرأى فيها العجب العجاب: رجالًا بصحَّةٍ جيِّدة، وشبابًا أقوياء، كسالى لا همَّ عندهم غير الأكل والنَّوم, وموظَّفين يضيِّعون أموال الدَّولة الَّتي تُنفق على هؤلاء الكُسالى هباءً منثورًا. ثار السُّلطان، وتملَّكه الغضب، وصاح بمن حوله: «ألهؤلاء التنابلة أمرنا بإقامة هذه الدَّار؟ أم للمسنِّين، والعاجزين، والمقعدين؟ خذوا هؤلاء التَّنابلة الكسالى، واقذفوا بهم في نهر دجلة؛ لأنَّهم عالةٌ على الدَّار والدَّولة».

أسرع الحرس لتنفيذ أمر السُّلطان، فأخذوا التَّنابلة ووضعوهم

في عربةٍ كبيرةٍ من عربات النَّقل الَّتي تجرُّها الخيول، واتَّجهوا بهم نحو نهر دجلة لإلقائهم فيه، وبينما هم في طريقهم، صادفهم رجلٌ يحبُّ الخير من أثرياء بغداد، فاستفسر من الحرَّاس عنهم، فقالوا له: إنَّهم في طريقهم لتنفيذ أمر السُّلطان بإلقاء هؤلاء التَّنابلة في نهر دجلة؛ لأنَّهم بكامل قوَّتهم البدنيَّة، لكن لا يريدون تأدية أيّ عملٍ، وبنفس الوقت يعيشون عالةً على غيرهم».

عندها، رأف قلب المحسن الثَّريِّ، وقال للحرَّاس: «أنا أستطيع أن آويهم عندي في مزرعتي الكبيرة لوجه الله تعالى، وكسبًا للمغفرة، وفي مزرعتي بقرٌ كثيرٌ أجلب لهم كلَّ يومٍ مقدارًا كبيرًا من الخبز اليابس لتغذيتهم، فلتأتِ هؤلاء التَّنابلة إلى البستان، حيث فيه سواقي كثيرة ليسكنوا ويتقوَّتوا من ذلك الخبز اليابس بعد أن يبلُّوه بالماء الجَّاري في تلك السَّواقي».

وكان بعض التَّنابلة يستمعون إلى كلام ذلك الرَّجل المحسن، فسأله أحدهم:

- «ومن ذا الَّذي سيقوم بوضع الخبز بالماء حتَّى يلين؟!»

فردَّ الرَّجل: «أنتم طبعًا».

عندها صاح التَّنبل بسائق العربة: «أسرع بنا إلى نهر دجلة لتنفيذ أمر السُّلطان».

أي فضَّل الموت على أن يخدم نفسه بنفسه! ومنذ ذلك الحين، مازال النَّاس يستخدمون تعبير تنابلة السُّلطان على من يعيشون في كنف السَّلاطين والحكَّام، لا عمل لهم في الحياة إلَّا التَّطبيل والتَّزمير لهم، فإذا غنَّى سلطانهم طُربوا، وإذا مرض مرضوا، وإذا بكى ندبوا، وإذا تكلَّم صفَّقوا.

كلمة «تنبل» تعني البلادة، واللَّامبالاة، والكسل، والتَّعطيل، وموت الإحساس وانعدامه. ويقول النَّاس: «هذا تنبل»، أي لا يحسن التَّصرف، وغير قادرٍ على تحمُّل أعباء المسؤلية بأيِّ شكلٍ من الأشكال، أو ليست لديه حنكةٌ وحكمةٌ في النَّظر إلى الأشياء. وفي كتب اللُّغة نقرأ كلمة «التِّنْبال والتِّنْبل والتِّنْبالة» بمعنى الرَّجُل القَصِير، كما في لسان العرب لابن منظور. وقيل: إنَّ كلمة تنبل تركيَّة تُستخدم بمعنى الكسول والبطيء. ومن هنا جاء هذا المثل.

سبق السَّيف العذل

يُحكى أنَّ أعرابيًا كانت لديه إبلٌ هربت في إحدى اللَّيالي، وكان له ولدان فلحقا بالإبل للبحث عنها واسترجاعها، حيث ذهب كلُّ ولدٍ في اتِّجاهٍ، أحد الولدين وجد جزءًا من الإبل وعاد، والآخر لم يعد أبدًا، وبعد فترةٍ من الزَّمان قرَّر الأعرابيَّ أن يحجَّ، فذهب

إلى سوق عكاظ _كان ملتقى للشِّعر والشُّعراء_ فرأى رجلًا يُقال له الحارث، يلبس نفس ثياب ابنه الَّذي ذهب للبحث عن الإبل ولم يعد، فعرف أنَّ هذا الرَّجل قد قتل ابنه، وأخذ سيفه وملابسه، فطلب الأعرابي من الحارث أن يريَه السَّيف الَّذي يحمله، فأعطاه إيَّاه، فما كان من الأعرابيِّ إلَّا أن قتل الحارث بسيفه، فقال له النَّاس: «أفي الشَّهر الحرام؟!»

فأجاب: «سبق السَّيف العذل».

وهذا المثل من الأمثال والحكم الشَّعبية الَّتي تُضرب لمن يتعجَّل في الأمور ولا يتروَّى فيها، ومن بعد ذلك يتبيَّن خطأ عمله ذاك.

اللِّي بيعرف بيعرف، واللِّي ما بيعرف بيقول كف عدس

كان لفلاح ابنةٌ صبيَّةٌ، وكانت تعاونه يومًا في «تذرية» العدس على البيدر، إلَّا أنَّه اضطرَّ إلى أن يذهب لقضاءِ إحدى الحاجات، وعندما رجع وجد ابنته في وضعٍ مريبٍ مع شابٍّ غريبٍ وراء عرمةَ العدس، فثار الفلَّاح وهجم على الشَّابِّ الَّذي ولَّى هاربًا أمامه إلى حيث كانت هناك جماعةٌ من الرِّجال تدخَّلوا لفضّ الخلاف، وسألوا الشَّابَّ، فأجاب أنَّه أخذ كفًّا من العدس، أي

حفنةً من العدس من بيدر الرَّجل، فهجم عليه يريد قتله من أجل ذلك.

فصاح الجماعة بالفلَّاح: «ويحك يا رجل! أتريد أن تقتل الشَّابَّ من أجل كفِّ عدس؟»

فاستدرك الفلَّاح حالًا أنَّه ليس من مصلحته ومصلحة ابنته أن يعرفوا الحقيقة، وقال: «صحيح، وين كانوا عقلاتي؟ روح يا ابني، الله يسامحك بكف العدس».

وانتقلت قضية «كف العدس» إلى دواوين القيل والقال: كيف حاول الفلَّاح راجح العقل أن يقتل شابًّا من أجل كفِّ عدسٍ، بيد أنَّ رجلًا واحدًا من أهل القرية كان قد رأى من بعيدٍ ما حدث وراء عرمة العدس؛ ولأنَّ كتمان السِّر من صفات أهل الشَّرف، اكتفى بالقول: «اللِّي بيعرف بيعرف، واللِّي ما بيعرف بيقول كف عدس».

الحيطان إلها دينين

هذا المثل يتردَّد باستمرارٍ، ويُقال في النَّاس الَّتي تتدخَّل في ما لا يعنيها، وتحبُّ التَّجسُّس على الآخرين. وبطلة هذا المثل هي إحدى ملكات بريطانيا، وتُدعى كاترين الَّتي كانت تشكُّ بكلٍّ من حولها، وكان لها عاداتٌ غريبةٌ، حيث كانت تبني قصورًا كبيرةً

وفخمةً، وتضع فيها أدواتِ تنصُّتٍ لتسمعَ كلَّ ما يدور في القصر، وكانت تضع تلك الأدوات في المطابخ، والقاعات المخصَّصة للوزراء واللُّوردات، وكان النَّاس يندهشون لمعرفتها كلَّ شيءٍ، إلى أن جاء يومٌ واكتشف أحد الوزراء وجود أدوات التَّنصت، فقال لزملائه: «انتبهوا، الحيطان لها آذان وتسمع».

واوي أبو العبد

كان أبو العبد يملك مزرعةَ دجاجٍ كبيرةٍ، وكان فيه «واوي» متسلطٌ على مزرعة الدَّجاج، إذ كان كلُّ الجيران يسخرون منه؛ لأنَّه لم يستطع طرد الواوي، فنصب له فخًّا محكمًا واصطاده، ففكَّر في عقابٍ فريدٍ، وقال له مثلما جعلتني «جرصةً» بين النَّاس سأجعلك كذلك بين «الواوية»، فقرَّر أن يربط جرسًا في رقبته، وأن يطلق سراحه، فلا يبقى قادرًا على التَّوقف؛ لأنَّه يسمع رنين الجرس فيخاف ويركض، فيزداد الجرسُ رنينًا. وهكذا لم يعد أحد من أقرانه يقترب منه، وفي الوقت نفسه لم يعد قادرًا على الصَّيد، فمات من الجوع.

وهناك قصَّةٌ ثانيةٌ لأبي العبد مع الواوي، حيث رأى الواوي يخبِّئ شيئًا في جذع إحدى الأشجار، عندما ذهب الواوي أتى

أبو العبد ليرى ما خبَّأ الواوي، فوجدها دجاجةً، أخذها أبو العبد، وانتظر عودة الواوي، فلمَّا عاد رفع الدَّجاجة بيده مشيرًا بها إلى الواوي، فوقع الأخير ميتًا، فاقترب أبو العبد منه، وحرَّكه قليلًا فتأكَّد من موته، بعدها رمى الدَّجاجة فوقه قائلًا: «يا عيب الشُّوم، من أجل دجاجةٍ تموت».

فقفز الواوي، وحمل الدَّجاجة، وولَّى هاربًا، وترك أبا العبد مصعوقًا ممَّا حدث.

جزاء سنمار

وقصَّة هذا المثل؛ هي:

إنَّ النُّعمان بن المنذر كان يريد بناءَ قصرٍ لا مثيل له، فكلَّف بذلك مهندسًا معماريًّا ذكيًّا وبارعًا لبنائه – اسمه سنمار – فأبدع، وكان القصر تحفةً فنيّةً رائعةً، فلمَّا انتهى أتى به النُّعمان، وسأله عن القصر، فقال إنَّه بناه بغاية الرَّوعة والإتقان، وإنَّ في هذا البناء مكانٌ لحجرٍ واحدٍ إذا أُزيل من مكانه تداعى القصر برمَّته.

أجابه الملك: «وهل يعرف بذلك أحد غيرك؟»

قال: «لا»

فأمر الملك بقتله، وذهب مضربًا للمثل بعمله هذا. و«جزاء سنمار»: يُطلق على من يقدِّم معروفًا أو عملًا جيِّدًا، ويُلاقى بالغدر ونكران الجميل، بدلًا من الشُّكر والجزاء الحسن.

طنجرة ولقت غطاها

عاش في إحدى القرى شابٌّ كسولٌ يرعى الأغنام مُكرهًا، وكان يفكِّر لو أنَّ له زوجةً تقوم بذلك عوضًا عنه؛ لأنه أراد أن يستريح، ويستمتع بلذيذ النَّوم والطَّعام، فما كان منه إلَّا أن تقدَّم لخطبة إحدى الفتيات، وكانت معروفةٌ بالكسل مثله، وبعد أن تزوَّجها أصبحت هي من ترعى الأغنام كلَّ يومٍ، وفي أحد الأيَّام خرجا معًا لرعي الغنم؛ لا لأنَّه نشيطٌ، بل لأنَّه تعب من النَّوم. وبينما الزَّوجان الكسولان سائران، خطرت ببال الزَّوجة فكرةٌ، فبادرت القول:

_لِمَ لا نقوم ببيع الأغنام، ونجلب عوضًا منها خليَّة نحل؟

وبالطَّبع فرح الزَّوج بتلك الفكرة، ذلك أنَّ النَّحل يجمع الرَّحيق من دون أن يخرج هو أو زوجته معه، كما أنَّ النَّحل يرجع في المساء ومعه العسل، وتتالت الأفكار على رأسيهما، وأخذا يخطِّطان. قال الزَّوج الكسول: «سنأخذ العسل».

فقالت له: «إنَّ العسل سهل التَّخزين، أمّا الحليب فسريع الفساد».

بالفعل، قام الزَّوج ببيع الأغنام، واشترى عوضًا منها خليَّة نحلٍ، وأصبح هو وزوجته يقضيان كلَّ وقتهما في البيت، وقاما بوضع رفٍّ فوق السَّرير عليه جرَّةُ العسل، كما أنَّهما استعانا بعصًا للنُّهوض، وقد وضعاها بجانب السَّرير، وفي إحدى المرّات قالت الزَّوجة:

- لماذا لا نبيع العسل ونشتري غنمةً، ونبيع حليبها ونشتري بقرةً؟

- إنَّها فكرةٌ رائعةٌ، ولكن من يرعاها؟

- ما رأيك أن ننجب طفلًا؟

- هذا أفضل.

استدركت الزَّوجة، قائلةً: وماذا إن لم يطعك، ولم يسمع كلامك؟

- أضربه بهذه العصا على رأسه.

فرفع العصا الَّتي بجانبه، فارتطمت بجرَّة العسل، فانكسرت وانسكب العسل على الأرض.

فقالا في برودٍ: «والله، قد ارتحنا من همِّ الغنم، وهمِّ الابن العاصي، لقد تعبت أعصابنا، هيَّا بنا لننام ونرتاح».

فكانا مثالًا يُحتذى به في الكسل، وهكذا قيل فيهما: «طنجرة ولقت غطاها». وممَّا يجدر الإشارة إليه هو أنَّ هذا المثل لا ينطبق على الكسل فقط، وإنَّما على الصِّفات الحسنة كذلك، فقد تجد شخصان متطابقان تجمعهما الكثير من الصِّفات الحميدة.

حمار جحا

ذهب جحا إلى السُّوق وأراد أن يقوم بشراء حمارٍ، فبحث عن حمارٍ يعجبه في أكثر من محلٍّ، إلى أن أعجبه واحدٌ، فسأل عن ثمنه، ولكنَّه لم يكن يملك هذا الثَّمن؛ لذلك قام بمجادلة صاحبه، وطلب منه أن يعطيَه الحمار بالمبلغ الَّذي معه، أو يغادر باحثًا عن حمارٍ آخر، وفي نهاية الأمر وافق على ذلك.

أخذ جحا الحمار ومشى به إلى أن رآه رجلان من اللُّصوص، وأرادا أن يسرقا الحمار منه، مشَوا بخفَّةٍ نحوه، فمسك أحدهم الحبل الَّذي يُربط به الحمارن وفكَّه بخفَّةٍ شديدةٍ، ومشى الآخر بجانب جحا، وكل ذلك وهو لا يشعر بأيِّ شيءٍ، حتَّى أن النَّاس من حوله لاحظوا ذلك، وكان كلُّ من يرى جحا واللُّصوص مع

الحمار يضحكون. استغرب من ذلك، وظنَّ أنَّهم يضحكون معجبين بحماره أو أنَّهم يبتسمون له. وعندما وصلوا إلى المنزل، نظر جحا خلفه فرأى الرَّجل وسأله: لماذا تضع الحبل على نفسك؟

قال له الرَّجل: «أنا رجل عاق، ولم أطع أمي، وعندما غضبت دعت عليَّ حتَّى مسخني الله على شكل حمار، وجاء أخي ليشتريني، لذلك قمت أنت بشرائي وأنقذتني من الهلاك، وعدت إنسانًا كما كنت».

صدّق جحا حكايته وأطلق سراحه. وفي اليوم التَّالي قرّر جحا أن ينزل إلى السُّوق ليشتري حمارًا آخر، فبحث حتَّى وصل إلى محلٍّ يبيع الحمار الَّذي اشتراه بالأمس، فاقترب منه جحا وهمس قائلًا: «يبدو أنَّك أغضبت أمَّك مرَّةً أخرى، ولم تسمع نصيحتي لك، فأنا لن أسامحك وأشتريك مرَّةً أخرى».

والحكمة من ذلك: بشكلٍ عامٍّ جحا يتصرَّف بحكمةٍ وذكاءٍ، لكن هنا يعطي فكرةً عن الغباء والحماقة الَّتي يمكن أن تحدث حين يكون الإنسان بسيطًا، ويتعرَّض للخداع من المحتالين.

مسمار جحا

كان جحا يملك دارًا، وأراد أن يبيعها من دون أن يفرِّط فيها تمامًا، فاشترط على المشتري أن يترك له مسمارًا في حائط المنزل، فوافق من دون أن يلحظ الغرض الخبيث لجحا من وراء هذا الشَّرط، لكنَّه فُوجئ بعد أيّامٍ بجحا يدخل عليه البيت، فلمَّا سأله عن سبب الزِّيارة، قال: «جئت لأطمئنَّ على مسماري».

فرحَّب به الرَّجل، وأجلسه، وأطعمه، لكنَّ الزِّيارة طالت، وخُرج الرَّجل من ذلك، لكنَّه فُوجئ بما هو أشدُّ، إذ خلع جحا جبَّته، وفرشها على الأرض، وتهيَّأ للنَّوم، فثار غضب المشتري، وسأله:

- ماذا تنوي أن تفعل يا جحا؟

- سأنام في ظلِّ مسماري.

وتكرَّر هذا النَّوع من الزِّيارات كثيرًا، وكان جحا يختار أوقات الطَّعام؛ ليشارك الرَّجل في طعامه، فلم يستطع المشتري الاستمرار على هذا الوضع، وترك لجحا الدَّار بما فيها وهرب.

حكم قراقوش

قراقوش هو بهاء الدِّين قراقوش، وهو أحد وزراء صلاح الدِّين الأيوبي، وهو غلامٌ مملوكيٌّ من أصلٍ تركيٍّ. وقراقوش تعني بالتركيَّة النِّسر الأسود. كان قائدًا عسكريًّا في بلاد الشَّام ومن ثَمَّ انتقل إلى مصر مع بزوغ عصر الدَّولة الأيوبيَّة، ويُعتقد أنَّه هو من شارك في بناء السُّور حول القاهرة، ويُقال أيضًا أنَّه هو من أعدم السهروردي صاحب المؤلَّفات المشهورة. كانت أغلب أحكامه تدلُّ على الحماقة، ولكن أحيانًا تكون مبطَّنة بنوعٍ من الخبث والدَّهاء.

ومن أحكامه مثلًا: جاء فلَّاح يشكو جنديًا إلى قراقوش، وكان يركب سفينةً، ومعه زوجته الحامل في الشَّهر السَّابع، حيث وكزها الجنديُّ فأجهضت، ففكَّر قراقوش في الأمر مليًّا، ثمَّ أصدر حكمه على الجنديِّ أن يأخذ زوجة الفلَّاح، وينفق عليها، ويوفِّر لها المأوى والمأكل طيلة سبعة أشهرٍ، وهو ما أسعد الفلَّاح، لكنَّ قراقوش نطق بباقي الحكم وهو أنَّ على الجنديِّ أن يعيد الزَّوجة إلى زوجها، وهي حبلى في الشَّهر السَّابع، وهنا حمل الفلَّاح زوجته، وولَّى هاربًا.

وفي حكمٍ آخرٍ قيل لقراقوش إنَّ طائر الباز الَّذي يربِّيه في

القفص قد هرب، فأمر بإغلاق كلِّ أبواب القاهرة حتَّى لا يستطيع الباز الفرار.

يُروى أيضًا أنَّ جماعةً من فلَّاحي مصر شكوا إلى قراقوش البرد الَّذي قد أتلف بعض محصول القطن، ولذا فهم يرجون تخفيض الضَّريبة، فنهرهم قراقوش، وهدَّد بضرب أعناقهم لإهمالهم، إذ لم يزرعوا الصُّوف بجوار القطن ليدفئه. ومنذ ذلك الوقت أصبحت أحكام قراقوش مضربًا للأمثال.

الله ينجِّينا من الأعظم

وهذه القصَّة من التُّراث، تحكي عن أحد المحكومين الَّذين تفنَّن سجَّانوه وجلَّادوه بجلده وتعذيبه على مراحل، فكان يأتي القرار الأوَّل مثلًا بقلع أظافره، فيردُّ عليه من دون تذمُّرٍ موجهًا كلامه لزميلٍ سجينٍ: «الله ينجِّينا من الأعظم».

ومن ثم يأتي حكم آخر بنتف شاربيه، فينفذ ويردِّد بكلِّ هدوءٍ مرَّةً أخرى: «الله ينجِّينا من الأعظم». وهكذا مع حكم قطع اليد الأولى، ثمَّ الثَّانية... وفي كلِّ مرَّة كان يقول: «الله ينجِّينا من الأعظم»، فيقول له زميله: «وهل هناك أعظم ممَّا يحدث لك؟»

فيقول له: «انتظر لترى».

وفي المرّة الأخيرة أتى الحكم القضائيُّ العادل بأن «يخوزق» قبل أن يُعدم، ويُقطع رأسه، ويجرّهُ جحشٌ في دربٍ وعرٍ، فقال لزميله في السِّجن: ألم أقل لك: الله ينجِّينا من الأعظم، وها قد أتى الأعظم.

العز للرّز، والبرغل شنق حاله

قيل إنَّ رجلًا كان متزوّجًا اثنتين، والغيرة كانت تغلي في قلب كلٍّ منهما، فكانت إحداهما لا توفّر جهدًا في استثارة غضب الأخرى، وذلك بالتّدلّل على الزّوج والتّزيّن له، وكان الزّوج لا يعلم بالَّذي يدور. وفي أحد الأيّام رغبت الزّوجتان في أن تتباريا بما يقدِّمانه لزوجهما من صنوف الأكل، ففكّرت الأولى أن تطبخ لزوجها الأرز بالطَّريقة الَّتي يحبّ، بينما خطر للثّانية أن تطبخ البرغل؛ لاعتقادها أنّه الطَّعام المفضّل لزوجها، ولمّا حان وقت الغداء، كانت الزّوجتان قد أعدَّتا ما لذَّ وطاب من الطَّعام، ووضعت كلُّ واحدةٍ منهما طبقها الَّتي أعدّته، فوجد الزّوج طبق الأرز وإلى جواره طبق البرغل، ولأنَّه كان يحبُّ زوجته الأولى أكثر فطن لما برأس كلٍّ منهما. بادر الزّوج بمدّ يده إلى طبق الأرز ليأكل منه، وقتها أدركت الزّوجة الأولى الأمر، وقالت للثّانية كي تقهرها: «العز للرّز، والبرغل شنق حاله».

ومنذ ذلك الوقت، أُطلقت العبارة مثلًا يُضرب فيمن يقع عليه الاختيار دون غيره، أي عندما تواجه الإنسان مواقف عليه أن يفضّل فيها شيئًا على شيء، أو أحدًا من دون الآخر.

جوِّع كلبك بيتبعك

وقد كان أوّل من قالها ملكٌ من ملوك حمير، كان غليظًا فظًّا على رعيّته يجوِّعهم ويسلبهم ما في أيديهم من المال وغيره، وقد أخبره بعض الكهنة أنّ رعيّته ستقتله يومًا، ولكنّه لم يكن يهتمّ لكلامهم، وقد حذّرته زوجته منهم كذلك؛ لأنّ الرّعيّة كانت تعيش في سوءٍ، وهو وأسرته كانوا يعيشون حياةً رغيدةً، فكان يقول لها: «جوِّع كلبك يتبعك»، وقد صارت مثلًا منذ أن قالها.

وذات يومٍ أرسل قومه إلى غزوة ولم يعطِهم من الغنائم شيئًا، فلمّا خرجوا من عنده ولم ينالوا شيئًا من الغنائم حرّضوا أخاه على قتله قائلين له إنّ المُلك لا يكون إلّا في أسرته، ولكنّ ذلك الملك قد ظلمهم بما فيه الكفاية، فاقترحوا على أخيه أن يعينهم على قتله.

وكان أخوه يعلم مقدار ظلم أخيه لرعيّته، فأعانهم عليه، فوثبوا عليه جميعًا فقتلوه، وجعلوه جثّةً هامدةً، وأجلسوا أخاه مكانه، ومرّ بالملك وهو مقتول عامر بن جذيمة، وقد كان سمع قول

الملك قبلًا «جوّع كلبك يتبعك».

فقال له: «ربَّما أكل الكلب مؤدِّبه إذا لم ينل شبعه»، فصار هذا الكلام مثلًا أيضًا مذ قاله عامر بن جذيمة، وهو مثلٌ عربيٌّ قديمٌ يُذكر في القوم اللِّئام في الطَّريقة الَّتي يجب أن يُعاملوا بها، ويستعمله بعض اللِّئام من النَّاس وأصحاب الحلِّ والرَّبط من السِّياسيين في الوقت الحاليِّ للغرض نفسه تقريبًا.

عالوعد يا كمون

الكَّمون من النَّباتات الَّتي تحتاج إلى قليلٍ من المياه، وكان الفلَّاحون يتجاوزونه عند ريِّ مزروعاتهم. وهناك حكايةٌ تقول إنَّ الكمون احتجَّ على الفلَّاحين طالبًا العدالة والمساواة مع باقي المزروعات، فيعدونه خيرًا. إلَّا أنَّهم كانوا ينكثون بالوعد دائمًا. فذهب بهذا مثلًا، وعنه يقول الشَّاعر:

«لا تجعلوني ككمونٍ بمزرعةٍ   إن فاته السَّقي أغنته المواعيدُ»

وصار هذا المثل (على الوعد يا كمون) له مرادف من مَثل: (أواعدك بالوعد، وأسقيك يا كمون).

وهناك قصَّة أخرى لهذا المثل تدور حول رجلٍ حكيمٍ وأحد طلابه، ويُدعى كمُّون.

تحدَّى أحدهم الآخر بصنع سم زعاف لمعرفة من منهما الأبرع، فصنع كمُّون السّم أوَّلًا، وسقاه لصاحبه.

استطاع الحكيم أن يعالج نفسه بالحجامة، أي بتجريح جسده ليخرج الدَّم مع السّم، كما قام بطلاء جسمه بالعسل ليجتمع فوقه النَّحل، فيقوم بتنقيته من السّم. تفاجأ كمُّون بأنَّ الحكيم لم يمت، وعليه الآن أن ينفِّذ باقي الاتِّفاق، أي بشرب السّم الَّذي سيصنعه الرَّجل الحكيم. ذهب كمُّون إلى الحكيم، وسأله: «متى تسقني السُّم؟»

فيجيبه الحكيم ببرودةٍ: «سأسقيك يا كمُّون».

تمرُّ الأيّام والأسابيع، والحكيم معتكفٌ في البيت، فيما يزداد قلق كمُّون ويتساءل بما يصنع الحكيم، فيسرع إليه قائلًا: «متى الوعد يا حكيم؟»

فيجيبه بهدوءٍ: «سأسقيك يا كمُّون».

وكمُّون (عالوعد) ينتظر بجنونٍ، إذ يريد أن يعرف ماذا يُعدُّ له، تمرُّ الأيّام، ويتضاعف هلعه، فيموت من القلق والخوف.

فصار هذا مثلًا على المماطلة والوعد الكاذب الَّذي قد يؤدِّي بصاحبه إلى الجزع، وربَّما في النِّهاية إلى الموت.

أعطِ الخبز للخبَّاز لو أكل نصفه

يُحكى أنَّه كان هناك خبَّازٌ بارعٌ جدّاً في عمله، ويدير مخبزه بطريقةٍ ممتازةٍ، وكان يعيش مع زوجته حياةً محترمةً، لكن مع الأيَّام تقدَّم بالعمر، ولم يعد يستطيع العمل، فقرَّر أن يسلِّم المخبز إلى أحد عمَّاله، وقام بتدريبه جيِّداً، وقال له:

«يا بنيَّ، لقد كبرتُ كما تراني، وأصبحتُ عجوزاً لا أقوى على إدارة المخبز، وسأتنازل لك عنه شرط أن تخبز للنَّاس في الحارة قدر حاجتهم من دون زيادةٍ أو نقصان، وأن ترسل لي أربعة أرغفةٍ كلَّ يومٍ فقط».

وبالفعل، سلَّم الخبَّاز المتجر للعامل الَّذي بدأ بالعمل بوصيَّة صاحبه، لكن مع الأيَّام قرَّر هذا الفتى تغيير استراتيجيَّة عمله، فيخبز أكثر، و يرسل لصاحب المخبز رغيفين فقط عن طريق أحد عمَّاله. وبعد فترةٍ ذهب العامل إلى محلٍّ دجاج تملكه زوجة الفرَّان ليشتري دجاجةً لعشائه، لكنَّه لم يجد شيئاً، فذهب إلى الخبَّاز العجوز ليسأله عن الأمر، وكانت هذه زيارته الأولى له بعد أن استلم المخبز، فوجد داخل دار العجوز خم دجاجٍ كبيرٍ يتَّسع لأكثر من عشرين دجاجةً، أمَّا الآن لم يعد بداخله إلَّا دجاجةً واحدةً، فسأل عمَّا حلَّ بالدَّجاج.

فأجابت زوجة الخبَّاز: «يا بني، لقد استهلكت معظم القمح، فخفّ علف الدَّجاج، وصرت ترسل لنا رغيفين فقط، ونحن كنَّا نأكل رغيفين، أمَّا الآخرين فنقوم بتنشيفهما وطحنهما ليكونا علفًا للدَّجاج، وحينما قطعتهما عنَّا، بدأ الدَّجاج يتناقص حتَّى بقيت هذه الدَّجاجة الوحيدة، ادَّخرتها لنا، فلم أعد أستطيع إنتاج دجاجٍ للبيع، أنت حرمت الحيَّ من الدَّجاج نتيجة حساباتك الخاطئة، لذا أعطِ الخبز لخبّازه ولو أكل نصفه».

ومن هذه الرواية أصبح المثل يُضرب للدَّلالة على ضرورة تصحيح الحسابات الخاطئة، والتَّفكير جيِّدًا قبل اتِّخاذ القرارات، ورؤية ما سينتج عنها مع الأيَّام. وغالبًا ما يُقال عندما نريد أن نقول إنَّه يجب علينا وضع الشَّخص المناسب في المكان المناسب. وهو مثلٌ شهيرٌ جدًّا يُستخدم في بلاد الشَّام ومصر.

كثرة الطَّبّاخين تُفسد الطَّبخة

أُقيم في إحدى المدارس احتفالٌ لتكريم ضيفٍ مهمٍّ في مجال العلم والتَّكنولوجيا، وكان هناك اتِّجاهٌ لجعل الطُّلاب يقومون بكلِّ التَّجهيزات بأنفسهم، فطلب مدير المدرسة من المعلِّمين التَّنسيق مع الطلاب، وأن يعيِّنوا ممثلًا لهم، كي يكون العمل على الشَّكل المطلوب.

ولكنَّ بعض المعلِّمين لم يكونوا على قناعةٍ بإمكانيَّة الطُّلاب بفعل شيءٍ، فلم يشتركوا معهم، ولم يقوموا بعمليَّة التَّنسيق، ومضى الطُّلاب قدمًا في التَّجهيزات من دون أن يكون ذلك وفق خطَّةٍ منظَّمةٍ أو تنسيقٍ بينهم.

كانت حماسة الطُّلاب تتركَّز على الموسيقى والأزياء، واعتقد كلُّ فريقٍ منهم أنَّ الفريق الآخر ركَّز على باقي متطلَّبات الحفل: كالصَّوت، والإضاءة، وغيرها. وظلَّ الحال كما هو حتَّى حانت اللَّحظة.

فُوجئ الطُّلابُ يوم الحفل ببعض المشاكل في الميكرفونات الَّتي جعلت من الصَّعب أن يتواصلوا مع الجمهور، كما أنَّ السَّتائر لم تكن تعمل بشكلٍ صحيح، وعلقت في المنتصف، وأفسد ذلك كلَّ الإعدادات الأخرى الَّتي ظل الطُّلاب يقومون بها وقتًا طويلًا، فقد استطاع الجمهور رؤية ما يحدث داخل الكواليس، ودبَّ القلق والتَّوتر في نفوسهم، وشعروا أنَّ كل ما يحدث عبثًا، ولكن لحسن حظِّهم كان الضَّيفُ المهمُّ الَّذي يُقام الحفلُ على شرفه رجلًا متفهِّمًا ولطيفًا، طمأنهم وأدرك أنَّها التَّجربة الأولى لهم، ولا يمكن أن تمرَّ من دون أخطاء، ولكنَّه نصحهم بضرورة التَّنسيق في ما بينهم، وأن يتعلَّموا من ذلك الدَّرس جيِّدًا «أنَّ كثرة الطُّهاة تفسد الطَّبق»، ولابدَّ أن يكون هناك شخصٌ مسؤولٌ عن

إدارة العمل حتَّى يخرج بشكلٍ رائعٍ.

هل جرَّبت أن تأكل طبخةً واحدةً أعدَّها لك عددٌ من الطَّبّاخين في الوقت نفسه؟ هل تخيَّلت كيف سيكون مذاقها؟ كلُّ طبّاخ له ذوقٌ مختلفٌ، وطريقةٌ مميَّزةٌ. هناك من يضع البهار بكثرة، وهناك من يقلِّله، وهناك من يستبدله بأشياء أخرى. لذلك إنَّ وجود طبّاخٍ واحدٍ يتحكَّم بالوصفة يجعله ملمًّا بما وضعه فيها. وهذا المثل يُطبَّق على كثيرٍ من الأمور الحياتيَّة العمليَّة، حيث إنَّه يجب إيجاد شخصٍ واحدٍ يمسك بزمام الأمور للوصول إلى نتيجةٍ جيِّدةٍ وخاليةٍ من الشَّوائب.

بيدي لا بيد عمرو

إنَّ هذا القول يعود للملكة التُّدمريَّة «زنوبيا» بنت عمرو التي تربَّعت على عرش مملكة تدمر بعد والدها عمرو بن الأظرب الَّذي قُتل على يد الملك جذيمة الأبرش، فعملت على الأخذ بثأر أبيها من قاتله، فبعثت إليه كي يأتي إلى تدمر ليطلب يدها للزَّواج، فوافق الملك جذيمة، إلّا أنَّ أحد مستشاريه الَّذي يُدعى قصير بن سعيد قال: «إنَّها مكيدة من زنوبيا ملكة تدمر».

فلمَّا جاء الملك جذيمة إلى تدمر قتلته زنوبيا ثأرًا لوالدها، فأقسم قصير بن سعيد أن ينتقم لملكه، فأشار إلى ملكه الجديد عمرو بن عدي أن يقوم بجدع أنفه، وأن يجلدوه ليقنع زنوبيا أنَّه فارٌّ إليها، فصدَّقته، وجاء إلى تدمر، فعرف مداخل المدينة وأبواب القصر كلِّها، وعاد وأحضر معه عددًا من الفرسان كي يختطفوا الملكة ويقتلوها، فعندما نجحت خطَّة قصير بن سعيد، وعلمت زنوبيا أنَّها ستقع في الأسر لا محالة، ويقوم الملك عمرو بن عدي صهر الملك جذيمة الأبرش بالأخذ بثأره، تناولت السُّم الَّذي كان موجودًا في خاتمها، وقالت تلك المقولة الشَّهيرة قبل أن تموت: (بيدي لا بيد عمرو).

وأصبح هذا المثل يُقال للشَّخص الَّذي يريد تخريب وتدمير ما يملكه بيده هو، بدلًا من يد عدوِّه.

رُبَّ رميةٍ من غيرِ رامٍ

قيل إنَّ أحد الحكماء كان من أمهر النَّاس في الرِّماية والصَّيد، وقد خرج للصَّيد يومًا، فلم ينجح في اصطياد شيءٍ، وتكرَّر ذلك معه عدَّة أيَّام، فأضمر بنفسه، وقال: «إن لم أصطد اليوم أيضًا لأقتلنَّ نفسي».

وكان عنده ابنٌ، فأصرَّ على الذَّهاب معه للصَّيد، وقام الحكيم برمي سهامه فلم يصب شيئًا، وطلب ابنه أن يرمي مع أنَّه لا يتقن فنَّ الرِّماية مطلقًا. أطلق سهمه باتِّجاه الطَّريدة فأصابها، هنا قال الحكيم: «رُبَّ رميةٍ من غير رامٍ».

فذهب قوله ذاك مجرى الأمثال والحكم الشَّعبية الَّتي يتداولها النَّاس عندما ينالون شيئًا بمحض الصُّدفة.

يحدث أحيانًا أنَّ أحد الأشخاص يفعل شيئًا هو بالأساس غير مهيَّءٍ له، ولا يوجد عنده إمكانيَّات لفعله، فيقال هذا المثل لشخصٍ قام بعملٍ جيِّد بالصُّدفة.

على قد لحافك مد رجليك (على قد بساطك مد رجليك)

يُحكى أنَّ شابًا ورث عن والده أموالًا طائلةً أنفقها ببذخٍ، حتَّى أصبح لا يملك قوت يومه، فاضطرَّ للعمل عند أحد أصحاب الحدائق، وتبيَّن أنَّه ابن ترفٍ لم يعمل من قبل، فسأله صاحب العمل عن قصَّته، وعندما أخبره بها قرَّر الرَّجل أن يعيد إصلاحه وتوجيهه بالشَّكل السَّليم، وأن يعدَّه فردًا من عائلته، فزوَّجه ابنته، وأعطاه منزلًا صغيرًا، وعملًا بسيطًا، وطلب منه أن يمدَّ رجله على قدر لحافه أو بساطه، ليصبح ذلك فيما بعد مثلًا دارجًا.

القانون لا يحمي المغفَّلين

حدثت هذه القصّة في أمريكا، حيث كان هناك شخصٌ فقيرٌ جدًّا فكَّر كيف يمكن أن يصبح من الأغنياء في خلال أسبوعٍ واحدٍ من دون أن يعمل. فكتب إعلاناً في إحدى الصُّحف يقول: «كي تصبح غنيًّا أرسل دولارًا إلى العنوان التَّالي»، وكتب عنوانه، فأرسل الملايين من النَّاس دولارًا إلى العنوان المذكور طمعًا منهم في أن يصبحوا أغنياء.

فأصبح هو فعلًا من الأغنياء بدلًا منهم. وردَّ في نفس الصَّحيفة، وشرح ما فعله. فثار النَّاس عليه، وقدَّموه إلى القضاء، و لكن لا حجَّة تدينه؛ لأنَّه أصبح غنيًّا بالفعل، ولم يجبر أحدًا على إرسال شيءٍ. فقال القاضي الأمريكي مقولته الشَّهيرة: «القانون لا يحمي المغفَّلين». وأصبحت مثلًا شعبيًّا يُرَدَّد بشكلٍ دائمٍ.

فكرنا الباشا باشا، طلع الباشا زلمة

الباشا: بمعنى السَّيد الرَّئيس. وكلمة بَاش: مأخوذ من التُّركيَّة، ومعناه: رأس، ورئيس، وذروة، وبداية، ومنبع، ومقدِّمة، وعقل، وذكاء. وكلمة باش تدخل في تركيب أسماء عديدة مثل: باشكاتب، وباش بوّاب، وباش أعيان، وباش ترزي، وباش مهندس، وغيرها.

ويقصد بزلمة هنا: إنسانٌ عاديٌّ.

ومفهوم المثل: كنا نسمع بالباشا ولا نراه، ولكثرة تمجيده وتفخيمه ظننَّا أنَّه مخلوقٌ خارقٌ من نوعٍ آخر يختلف عنَّا، ويعيش في كوكبٍ مختلفٍ، فلمَّا رأيناه تهاوت الأحلام، وعرفنا أنَّه مثلنا، ويُضرب المثل في خَيبة الأمل، حين يَظنُّون أنَّ الأمر عظيمٌ، ثم يظهر على حقيقته العاديَّة.

أكتم حسناتك كما تكتم سيئاتك

يجب على الإنسان عدم التَّفاخر بالعمل الحسن الَّذي يقوم به، فيذهب فضله وأجره، بل عليه المحافظة عليه سرًّا بينه وبين نفسه.

المَال خادمٌ جيِّدٌ لكنَّه سيدٌ فاسد

على المرء أن يعلم أنَّ المال وسيلةٌ له ليعيش عيشةً كريمةً لا يحتاج فيها إلى أحدٍ، وليس غايةً بحدِّ ذاتها، يجري المرء طيلة حياته كلِّها ليحصل عليه.

الحذر لا يدفع القدر

كلُّ إنسانٍ مكتوبٌ له قدره الخاص به، ومهما عمل واحتاط فلن يستطيع أن يدفع عنه ما كُتب له أو عليه.

كلُّ يحوِّل مجرى السَّاقية إلى طاحونته

لكلِّ إنسانٍ نظرته الخاصَّة إلى الأمور والحياة، وله معتقداته وأفكاره الَّتي يفسِّر بها ما يراه ويمرُّ به.

أمثال متفرِّقة

- لا تحكي يا لسان، وراء كلِّ حائطٍ إنسان.
- بيت الضِّيق يسع ألف صديق، كذلك بيت السَّبع ما بيخلا من العظام.
- إذا كنت جاري لا تخرِّب دياري.
- المي والنَّار، ولا حماتي بالدَّار.
- اللِّي بياكل من زوَّادة غيرو ما بيشبع.
- يللِّي ما بتساعو الدُّور، بتساعو الصُّدور.
- اجريها عوج وبدها بابوج.
- كل واحد بيتعلَّم من كيسُه.
- اقعد أعوج واحكي جالس (أي عليك أن تتكلَّم بمنطقٍ متَّزنٍ وسليمٍ).
- أبو البنات مرزوق.
- اللِّي بياكل خبز السُّلطان، بحارب بسيفه.
- اللِّي بكبِّر فشخته، بيوقع وبتنفك رقبته.

- يقال في من يوسع مسيرته أكثر من قدرته يفشل.

- يا مأمنه بالغربال يا مأمنه للرِّجال.

- إن أمسكت الماء بالغربال تؤمن له.

- إذا ما بكي الطُّفل إمُّو ما بترضعوا.

- السِّياسة ما إلها دين.

- الأب جلَّاب، والأمُّ دولاب.

- اشتغلت بالأكفان، بطَّل حدا يموت.

- بالمال ولا بالعيال.

- إذا رجعت من سفرٍ قدِّم لأهلك ولو حجر.

- التَّكرار بعلِّم الحمار.

- الدِّيك بموت، وعينه عالمزبلة.

- غالي والطَّلب رخيص.

- شرط المرافقة الموافقة.

- الفزع بطيِّر الوجع. (أي الخوف أقوى من الألم).

- اللِّي بياخد من غير ملته، بموت بعلته.

- اللِّي بيحلف كتير، بيكذب كتير.

- القلوب شواهد، أو القلوب عند بعضها.

- الحيط الواطي كل النَّاس بِتْفِز عنه.

- الرِّزق السَّايب بعلِّم النَّاس السِّرقة.

- بعد هالكبرة جِبّة حمرا.

- بيتفركش برماد سيكارة.

- توب العياري ما بدفِّي، وإذا دفَّى ما بدوم.

- الله يلعن هالزَّمان: اللِّي خلط القمح بالزوان.

- توبة العاصي خلال شهر، وتوبة المقامر بعد دهر.

- كل واحد بيحن لأصله.

- تيس المدينة بألف تيس.

- تيس الجبل ولا فيلسوف المدينة.

- جحش الضَّيعة بذاته أفهم مِنِّي بعقلاته، وأجحش من جحش الضَّيعة اللِّي ببيِّن مصرياته.

- جهل الختيار ما إله دبَّار.

- حايص متل جاجة بدها تبيض.

- حط إيدو عتمه، نسي أبوه وأمه.

- حمار حمَّلوا عليه كتب، خمَّن حالو بيعرف يقرأ.

- خرية كلب ومقسومة.

- متل شرابة الخرج؛ لا بحل ولا بيربط.

- جزاة المعروف سبعة كفوف.

- راح عالحصان رجع عالبغل.

- شو أحلى من العسل؟ الخل ببلاش.

- لا تجادل الأحمق، فقد يخطِئ النَّاس في التَّفريق بينكما.

- ساعة إلك، وساعة لربك. أو ساعة إلك، وساعة لقلبك.

- اللَّيل ستَّار العيوب.

- عقلاتي نص كم. أو عقلاته شغل إيدو.

- الحق عالطُّليان.

- فوق الدَّكة شرطوطة.

- قالوا للكذَّاب: احلف، قال: إجا الفرج.

- كسر إيده، وشحد عليها.

- مليح إنو إجت منك، وما إجت مني.

- ناس بتاكل جاج، وناس بتوقع بالسِّياج.

- وجهه بيقطع الرِّزق.

- يللِّي بيبيعك ببصلة، بيعه بقشرتها.

- الأقنعة لا تدوم على الوجوه طويلًا.

- من إيد لإيد، يكبر ويزيد.

- يللِّي متلنا تعو لعنا.

- الدَّهر يومان: يومٌ لك، ويومٌ عليك.

- قال: شو صبرك عالمر؟ قالوا: الأمَر منه.

- رضا النَّاس غايةٌ لا تُدرك.

- ما كل أبيض شَحم، ولا كل أسود فحم. (أي لا تحكم على النَّاس من مظهرها).

- لا تؤجِّل عملَ اليوم للغَد.

- يللِّي إلو عمر، ما بتقتله شدَّة.

- القط بحب خناقه.

- الملزق بطيح، والمسكت يصيح.

- صحيح ما متت، بس شفت اللِّي ماتوا.

- إذا غلي عليك الضَّاني، ميِّل عالحمصاني.

- ما بقي بالكرم غير الحطب.

- أخوك من صدَّقك بالنَّصيحة.

- تجري الرِّياح بما لا تشتهي السُّفن.

- لا حياة لمن تنادي.

- الهريبة: تلتين المراجل.

- راحت السَّكرة، وإجت الفكرة.

- أديش إلك بالقصر؟ من مبارح العصر.

- تزيين الجسم أسرع من تزيين النَّفس.

- الَّذي أوَّله شرط أخره رضى.

- أكرم نفسك من كل دنيء.

- مثل البير، ما إلو قرار.

- ضاع المسك في سوق البصل.

- ليس لقصيرٍ أمر.

- علَّمناه الشحادة، سبقنا عالبوّاب.

- راح النَّاس، وبقي الوسواس.

- حبك بقلبي يا بهيِّة مثل حب الأقرع للكوفيِّة.

- متل البرغشة: بتسمع الهرج والوشوشة.

- عشان حز بطيخ، عمل مشكلة وصريخ.

- النَّاس بالنَّاس، والقطَّة بالنفاس. (يُقال لمن يشغل نفسه بأمورٍ تافهة).

- كلمة خود بتسوى ألف كلمة هات.

- كبِّرها بتكبر، صغِّرها بتصغر.

- إذا ما كبرت ما بتصغر.

- من يقرض مالًا لصديقه يخسر الاثنين.

- من كان قفاه من قش، بيفزع تندلع النَّار فيه.

- إجت والله جابها.

- متل ما إجت تجي.

- إما بِطُخُّه، أو بيكسرله مُخُّه.

- مكتوب على قفا الكفكير: المنيحة ما بدها تفكير.

- أكل اثنين يكفي ثلاثة.

- من هالك لمالك لقباض الأرواح.

- بحب الرَّفعة، ولو على الخازوق.

- اللِّي بيزرع الشَّر بيحصد الندامة.

- سألوا الجمل: «شو بتشتغل؟» قال: «بدق عالشبابة»، قالوا له: «مبين من شفاتيرك».

- الأكل على قد المحبة.

- يا جبل ما يهزَّك ريح.

- من دِهنُه سَقْسِقْلُه.

- الدَّاخل بالسياسة متل اللِّي داخل بتنكة الكناسة.

- من صمَّم على بلوغ الغاية، استهان بالوسيلة.

- الغاية تبرِّر الوسيلة.

- الإنسان مثل قلم الرَّصاص، كلَّما برته المصائب يكتب بخطٍ أجمل.

- الأم بتلم.

- الرِّجَّال ولو كان فحمة، وجوده بالبيت رحمة.

- الله يهنِّي سعيد بسعيدة.

- بفصِّل للبرغوث قميص. (أو لباسات).

- إذا لم تكن ذئبًا أكلتك الذِّئابُ.

- برغوث قال لبقة، يضرب الشَّرشوح إذا ترقَّى.

- الحجر الثقيل ما بينهَز من مطرحه.

- أجمل الغلال ما ينبت في حقول الآخرين.

- غاب القط، العب يا فار.

- خود الأصيلة ولو كانت عالحصيرة.

- لا تحسب المجد تمرًا أنت آكله   لن تبلغ المجد حتَّى تلعق الصبرا.

- لا تراشق بالحجر إلَّا الشَّجرة المثمرة.

- الكلاب تنبح، والقافلة تسير.

- عادة الكريم حسن النِّيَّة.

- مكتوب على ورق الخيار: يللِّي بدو يسهر بالليّل بدو ينام بالنهار.

- بدك تخرب بلد، إدعي عليها بكثرة الرؤساء.

- من كَرُمَ أصله لان قلبه.

- من جاور الكرام أمن الأعداء.

- احذروا صولة الكريم إذا جاع، واللَّئيم إذا شبع.

– الكرماء ينقصهم المال، والأغنياء ينقصهم الكرم.

– البنت المليحة خير من الصَّبي الفضيحة.

– من غربل النَّاس، نخَّلوه.

– إذا وقعت البقرة كثرت سكاكينها.

– إسأل مجرب، ولا تسأل حكيم.

– كثر الدَّق بفك اللحام.

– الدِّيك بموت، وعينه عالمزبلة.

– حاميها حراميها.

– فكرناه عون، صار فرعون.

– على قد لحافك مد رجليك.

– إذا فات الفوت، ما بينفع الصُّوت.

– بالأربعين زهر البساتين، وبالخمسين ضراط وعنين، وبالسِّتين جهِّز السِّكين.

– لا تقول عنب ليصير بالسَّلة.

– اللِّي ما إلو خير لأهله، ما الو خير للنَّاس.

– كول على ذوقك، والبس على ذوق النَّاس.

- أكل الهديّة، وكسر الزبديّة.

- إصرف ما في الجيب، يأتيك ما في الغيب.

- انتظر يا حمار حتَّى يأتي الرَّبيع.

- بتحييك التَّهايم، وأنا نايم.

- البعد جفا، والقرب وفا.

- كل شيء حسبنا حسابه، إلَّا وقفتنا على بابه.

- حط راسك بين رجليك، واشهد على والديك.

- شمَّامها لمَّامها.

- اللِّي على دينه الله يعينه.

- إذا كان صاحبك عسل، ما تلحسه كله.

- فال الله ولا فالك.

- شو لم بنت الأكابر على ابن مصلِّح الكنادر؟

- يللِّي ما عندوا أوَّل ما إلو تاني.

- عاشقك لا تأخذيه، ومطلقك لا ترديه.

- ما بيعجبه العجب، ولا الصيام برجب.

- لو أريدك يا فخرة ما أخذت عليك الأخرى. (أي ما تزوَّجت عليك الثانية).

- تباعدنا تحابينا، تقاربنا تباغضنا.

- كوم حجار، ولا هالجار.

- يللِّي ببيعك بالفول، بيعه بالقشور.

- اللِّي بحطك عند بوز الكلب، حطُّو عند ذيله.

- يللِّي بيجي من الله يا محلاه.

- نصيبك يصيبك.

- لأهلها الزَّرق، ولبيت حماها النَّق.

- دلِّي كنتك واكسبي ودها؛ لأنو إذا نوت الشَّر ماحدا بردها.

- كلُّ الطُّرق تؤدِّي إلى روما.

- السَّكران ما تدفشه، بيوقع لوحده.

- لا تقول فول حتَّى يصير بالمكيول.

- بالوجه مراية، وبالقفا صرماية. (القفا تعني الظَّهر).

- ما بعد الصبر إلَّا المجرفة والقبر.

- ما حدا بقول عن زيتاته عكرين.

- جنب العقرب لا تقرب.

- من قلِّة الخيل شدوا على الكلاب سروج.

- اللِّي بدك تحَيره خَيره.

- تيتي تيتي، متل ما رحتي متل ما جيتي.

- الدجاجة ما ببطل كارها حتى لو قصُّولها منقارها.

- مين علَّم الحمار أكل النعنع.

- أعطي الخبز للخبَّاز حتَّى لو أكل نصه.

- هبلة ومَسَّكوها طبلة.

- اللِّي بدو يلعب مع القط، بدو يتحمَّل خرابيشه.

- امشي شهر، ولا تعبر نهر.

- شو القصَّة رحت مكسي، رجعت منتوف.

- الشِّرنة شرنة، لو حطِّت كحل وحنَّة.

- الحبس للرِّجال، والبكى للنِّسوان.

- متل الاربعا بنص الجمعة.

- الشَّهر اللِّي ما إلك منو فائدة، شو بدَّك بعد أيَّامه.

- ما تشرب من بير وترمي فيه حجر.

- أصبر على الحصرم حتَّى يصير عنب.

- سمعنا عن كرمكم سمع، لاعيوننا شافت، ولا ضرسنا لمع.

- المبلل ما بخاف من الشتاء.

- عند حاجتي ليها غمضت عينيها.

- بزَّقوا على وجه النذل، قال الدنيا عم تشتي.

- النذل بزَّق بزقة، ورجع لحسها.

- بيتعلَّم الحجامة بروس اليتامى.

- جبنا للشرشوحة مرجوحة، ولأبو بريص قبقاب.

- الله يرزقك الحج والنَّاس راجعة.

- النَّاس مغطَّاية بثيابها.

- ما تكون بوجهين وبلسانين.

- الغريق بيتمسَّك بقشَّة.

- إن بزَّقنا لتحت بتجي البزقة عاللِّحية، وإن بزَّقنا لفوق بتجي عالشَّوارب.

- متل الأطرش بالزَّفة.

- بالصِّيف حريق، وبالشِّتا غريق.

- كلُّ شاربٍ وله مِقَص.

- اللِّي ما بيعرفك بيجهلك.

- لو فيه خير ما رماه الطِّير.

- الشَّبعان بيفتكر كل النَّاس متله.

- متل ميزان الخرا، كل يوم لورا.

- الوجه البشوش بجيب زبونات الخرا.

- عند البطون ضاعت العقول.

- إذا حضر الماء بطل التَّيَمُّم.

- الحكي ما عليه جمرك.

- الحكي ما بيطعمي خبز.

- اضربُه وصيبُه، وقول هذا نصيبُه.

- الإيد اللِّي ما بتقدر عليها بوسها، وادعي عليها بالكسر.

- إرضَ بقردك أحسن ما يجيك أقرد منه.

- قلبه راضي وعيشه فاضي.

- شو قصتك؟ مطبِّل بالدَّنيا، ومزمِّر بالآخرة.

- الرَّاس شاب، والسِّن ذاب، ومثوانا التراب.

- الصَّبر بوَدِّي عالقبر.

- غالي والطَّلب رخيص.

- العين بصيرة، واليد قصيرة.

- المكتوب على الجبين بتشوفُه العين.

- اللِّي ما بيقنع، ما بيشبع.

- اللِّي بطلَّع لفوق بتنكسر رقبته.

- يدُ الحرِّ ميزان.

- اللِّي ما ذاق الكبده، بتعجبو الفشَّة.

- الضَّرب بعلَّم الدَّب الرَّقص.

- تجري جري الوحوش، وغير رزقك ما تحوش.

- إن كبر إبنك خاويه.

- حمارتك العرجا تُغنيك عن سؤال اللَّئيم.

- رضينا بالهم، والهم ما رضي فينا.

- صام الدَّهر، وفطر على بصلة.

- العين جوعانة والمعدة شبعانة.

- بسنة المحل العنزة بتفز عالفحل.

- من يتَّكل على الأمل يموت من الجوع.

- عيش بعيش، والحسد ليش.

- إنَّ الغريق لا يخاف من البلل.

- إنَّ غدًا لناظره لقريب.

- ما بيعرف خراه من لبن الضرف.

- من برا طرنطقشي ومن جوا خرا محشي.

- الرمد أهون من العمى.

- ليس كل ما يلمع ذهب، ولا كل ما يبرق فضَّة.

- إيدك عنِّي، وما عليك منِّي.

- في التَّأني السَّلامة، وفي العجلة النَّدامة.

- متل اللِّي ملاقي بخراه خرزة.

- أضرب يا خرا.

- يوجد دائمًا من هو أشقى منك، فابتسم.

- أرقد دافي، بتصير متعافي.

- الضَّربة الَّتي لا تقتلك تقوِّيك.

- كل عنزة معلَّقة بكرعوبها.

- لا تطرف عينك بإيدك.

- لو كان الزلم بشواربهم كان الصَّرصور أزلمهم.

- مو كل واحد صَف الصَّواني صار حلواني.

- يا فرعون، شو فرعنك؟ ما لقيت حدا يِردني.

- أنت أمير وأنا أمير، ومين بدو يرعى الحمير؟

- العين بصيرة، واليد قصيرة.

- الحسود لا يسود.

- الكلب على باب صاحبه نبَّاح.

- العنزة ما بتشوف ذيلها.

- الجمل ما بشوف حِردَبتُه.

- حوت بياكل حوت، وقليل الجهد بموت.

- بياكل الغِلِّة، وبسِب المِلِّة.

- بيدخل بالطول، بيخرج بالعرض.

- ما تنامَ بين القبور، ولا تشوف منامات وحشة.

- اللِّي بيزرع الرِّيح بيحصد غباره.

- الرِّزق اللِّي ما ببلدك، لا إلك ولا لولدك.

- اقعدوا يا حمير حتَّى يوصلكم الشعير.

- أعرج بيبجُر مكرسَح، وبقول له تعا نتفسح.

- ضربني وبكى، وسبقني واشتكى.

- الحكي ما متل الشُّوف.

- الشَّكل شكل وردة، والحظ حظ قردة.

- ما بينقل أخبارك إلَّا اللِّي دخل دارك.

- اللِّي خدته القرعة، تاخده أم الشعر.

- مراية الحب عمياء.

- بصلة المحب خروف.

- يا غريب كن أديب.

- ضرب الحبيب زبيب.

- إيش ياخد الرِّيح من البلاط؟

- أهلك لو علكوك ما بيبلعوك.

- اللِّي يحسب الحسابات، في الهنا يبات.

- يللِّي الدُّنيا علمته مش زي يللِّي أمه مرجحته.

- ولا تصبح ولا تتنيَّ، تعيش طول عمرك متهني.

- ذاب والعيش أكلته الكلاب.

- عتاب النَّذل اجتنابه.

- إذا كنت وحشة كوني نغشة.

- يا واخد القرد على ماله، بكره يروح المال، ويبقى القرد على حاله.

- ولا ترقع فى الدَّايب، ولا تعتب على العايب.

- يا جاي بلا عزيمة، يا قليل القيمة.

- كل ديك يزعق من حصولته.

- اللِّى اتلسع من الشُّوربة، ينفخ فى اللَّبن.

- تراب الغلّة غلّة.

- خف رجلك ترزق.

- إمشي عدل، يحتار عدوك فيك.

- النَّار ما بتحرق إلَّا اللِّي ماسكها.

- اللِّي ما يشوف من الغربال يبقى أعمى.

- إذا شفت الخرا معجوق، قول كامش مصلحة.

- عدس بترابه، وكلُّه بحسابه.

- ضحكته بسنانه، وسمومه بلسانه.

- احترت أنا معاك، والطَّبع فيك غالب، وذيل الكلب لن ينعدل ولو علَّقوا فيه قالب.

- بزرعك بين البقدونس، بلاقيك بين الكزبرة.

- متل البزر المُر، لا بينفع ولا بضُر.

- خيرًا تعمل شرًّا تلقى.

- عاشر الكبير بتكبر.

- اللِّي بيته من زجاج، ما يحدفش الآخرين بالطُّوب.

- عاشر المصلِّي بتصلِّي، وعاشر المغنِّي بتغنِّي.

- أُخرا وانقله، وشوف ما أثقله.

- قل لي من تعاشر، أقل لك من أنت.

- إذا كان بيتك من زجاج، لا تراشق النَّاس بالحجارة.

- عشَّمتني بالحلق، خرمت أنا وداني، لا وداني خفت، ولا الحلق جاني.

- يا داخل بين البصلة وقشرتها، ما ينوبك إلَّا دمعتها.

- البخيل بيبس خراه وبياكله.

- أكل الطُّعُم، وخري عالسِّنارة.
- بيخرى وبطُّم.
- تبقى في بقَك، وتقسم لغيرك.
- اطبخي يا جارية، كلف يا سيدي.
- ابن البَط سبَّاح، وابن الكلب نبَّاح.
- بات نارًا، أصبح رمادًا.
- ربنا مش حيهديك حمل تقيل إلَّا لما يكون عندك كتف يشيل.
- شو جاب طز لمرحبا؟
- لبِّس البوصة تبقى عروسة.
- بياكل إبرة، بيخرى مسلة.
- حجة القحبة خراها. والفحول بتركض وراها.
- خس زراع، ولا تبيع من أرضك ذراع.
- قام الدّب تيرقص، قتّل سبعة ثمان أنفس.
- لمَّا بيغلى الشعير، بيرخص سعر الحمير.
- متخفش من الهبيلة، خاف من خلفتها.
- متل الزَّيتون، ما بيحلى إلَّا على الرَّص.

- يا مأمنة للرِّجال، يا مأمنة للميّة فى الغربال.

- ذيل الكلب عمره ما يتعدَّل.

- طول ما الحمار ساكت، العربجِّي بضل يزوِّد في الحمولة.

- امسح مكياج صاحبتك، تلاقي سيد ابن عمتك.

- يللِّي طلع القرد على الشَّجرة بيعرف ينزله.

- العيلة اللِّي مفيهاش صايع، حقها ضايع.

- يللِّي جوزها يقول لها يا عورة، تلعب بيها النَّاس الكورة.

- صاحب الدَّار على مهله، والشحات خرج عقله.

- البَطيخة اللِّي ما تفتحش، شبعت تخبيط.

- على رأي المثل: حسدوا الغجر على ضل الشَّجر.

- طلعت فوق السَّطح لفح الهوى كومي، كل البنات اتجوَّزت وأنا قاعدة جنب إمي.

- أبوه البصل وأمه الثوم، تجيب الرِّيحة الحلوة منين يا مشؤوم.

- إن كنتوا نسيتوا اللِّى جرى، هاتوا الدفاتر تنقرأ.

- مسيرك يا ملوخية تجي تحت المخرطة.

- نهارك مساك، تصحى الصَّبح تدور على عشاك.

- بخت العفنة بالحفنة، وبخت الشطار شمّر وطار.

- يللِّي نجمه خفيف أو محسود، يلبس اللِّباس بالمقلوب.

- ما بيضرب المرا إلّا الخرا.

- الحاجه اللِّي خايف تخسرها إخسرها، عشان تبطل تخاف.

- أبو جعران في بيته سلطان.

- طمعنجي بنى له بيت، فلاسنجي سكن له فيه.

- صباح الخير يا جاري، أنت في دارك وأنا في داري.

- العلم في الراس مش في الكراس.

- خرا ابن خرا، كل واحد بطاوع مرا.

- الخرا خرا لو قطع نهر الفَرا.

- خرية كلب ومقسومة.

- خراك بحلقك علك.

- اسأل قبل ما تناسب، يبان لك الردي والمناسب.

- خيط بسلاية، وَلا المعلمة تقول هاتي قراية.

- لا تصاحب الأهبل، ولا تخلي الأهبل يصاحبك.

- متعرفش قيمة إمك غير لمَّا تجرب مرات أبوك.

- اصبري يا ستيت لما يخلي لك البيت.

- إجري يابن آدم جري الوحوش غير رزقك لم تحوش.

- اللي مالكش فيه، مالكش دعوة بيه.

- راح الخرا واشترى.

- رواح الخرا بالنَّهر.

- الزبدة لأم زبيد، والخرية لأم عبيد.

- سمِّيه خرا، وخليه يكبر، ويحسن إسمه.

- الشَّريك الخرا إخسر وخسِّره.

- بياكل بندق وبيخرى قضامي.

- طبَّبناه ليبرى، كان يزرق صار يخرى.

- الدُّنيا تتمنى وحمتها، والهنيمة تستني وجعتها.

- قلت للنَّحس: «أنا رايح اتفسَّح»، قال: «وراك وراك، هو أنا مكرسح».

- مين خري بري. (أي شفي).

- ربنا بيُرزق الهاجع والناجع والنَّايم على صرصور ودنُه.

- بالشُّكر تدوم النِّعم.

– لا الحاوي حينسى موت ابنه، ولا التَّعبان حينسى قطع ذيله.

– لو تجري جري الوحوش غير رزقك ما تحوش.

– محدِّش خالي من الهم حتَّى قلوع المراكب.

– يا بايس برا بيتك تتشكَّر بهم، بوس أهل بيتك ينوبك أجرهم.

– جوَّا وبَرَّا فرشت لك، وإنت مايل وإيه يعدلك.

– يللِّي خليت الغالي وتبعت الرخيص، يغلى عليك الغالي وتبقى رخيص.

– تبقى في تمك، وياكلها غيرك.

– الغزالة الشَّاطرة تغزل برجل حمار.

– إمَّا سراجين وشمعة، إمَّا عالعتمة جمعة.

– الإنسان حيوانٌ ناطقٌ.

– يللِّي بيحضر ولادة عنزته، بتخلِّف توم.

– لا تأمن الأمير إذا غشّك الوزير.

– على مين تقرأ مزاميرك يا داوود؟

– طول عمرك يا زبيبة بقفاك هالعودة.

– المحظوظ إذا غطس بالبحر بيطلع بتمه سمكة.

- إجمع سقيك وفرِّق بعلك.

- اتصالحت المقشة مع البلاعة، والاثنين بقوا جماعة.

- اللِّي بيصير الو خبَّاز ليش ليحرق إيديه؟

- طيزين بفرد لباس.

- اللِّي بتجيب الصَّبي، بتجيب البنت.

- لو قلِّة العقل بتوجِّع كانت أكثر النَّاس بتقضي عمرها بالصَّريخ.

- لا يرحم، ولا يترك رحمة ربنا تنزل.

- ما كل من لبس العمامة يزيِّنها، ولا كل من ركب الحصان خيَّال.

- وجع الظَّهر ثلثه ختيرة وثلثينه قهر.

- البيت بيت أبونا، وييجوا الغرب يطردونا.

- يا رب شيلنا، ويا رب حطنا، ويا رب خلِّينا متل ما نحن.

- أسمع كلامك أصدقك، أشوف أمورك أستعجب.

- عتاب النَّذل اجتنابه.

- اتمسكن لحد ما أتمكَّن.

- اللِّي برخِّص بضاعته بتكسد.

- لو الجمل شاف اتبه، كان ميل عليه قطمه.

- كل شيء بيلاش كثّر منه.

- إذا شخ عالجرح بيشفيه.

- إشتغل بالخرا، ولا تحتاج الخرا.

- مش فهمان كوعه من بوعه.

- لقينالها زوج، قالت: أعور ما أريده.

- البنت اللِّي ما بتنتبه لحالها، بيتغيَّروا ذيالها.

- لا تنام بين الدبابير، وتقول على الله التدبير.

- اللِّي ما بينزل لقبره، لا يأمن لدهره.

- مات المير ما حدا عزّا فيه، مات كلب المير كل النَّاس عزّت فيه.

- يادي الشيلة ويادي الحطه، رحنا على جمل وجينا على قطة.

- تزوجت اختي يا سعادة بختي.

- كثرة المال بتشغل البال.

- ان شفت الفقير معجوق قول الغني مسخره.

- اللِّي بدك تقليه أشويه، واللِّي بدك ترهنه بيعه.

- ميبقاش تاريخك كله فضايح، وتيجي عندي تعطيني نصايح.

- بيضل فضُّه حامي.

- الله خلق الدُّنيا بسبعة أيَّام.

- هي الدُّنيا إيه غير حلوين يتمنوا ومعفنين يتهنوا؟

- متزعلش عناس ما تسواش، انت اللِّي اديتهم سعر لمَّا كانوا ببلاش.

- اللِّي ما يقدر للمهره وعليقها يميل من طريقها.

- متل فوطة الحمَّام من طيز لطيز.

- يللِّي وريت الفؤاد أيَّام أليمة، أنت والفؤاد عالجزمة القديمة.

- قام ديك شعيب، ما بقي بالدنيا ولا عيب.

- إذا بصير من الحرمل مساس، بصير من هالجماعة مساس.

- مكنشي انعزر، ولا باع جزر، ولا قلي آسف واعتذر.

- البيض ما بينقلي بالضريط، بدو سمنة وزيت.

- ناس بسمنة، وناس بزيت.

- متل مداس الأعمى، كل دعسة بطمسة.

- أحيانا الكذب المرستق أجمل من الصدق المجعلك.

- إذا خضّيت المي ما بيطلع معك زبدة.

- إبعد عن الشَّر وغنِّيله.

- الفقر مش عيب؛ لأنّه الرُّجولة بالدَّم مش بالجيب.

- صيت غنى ولا صيت فقر.

- حمارين ما بيزبطو على نفس المعلف.

- أم علي بتزرع، وأبو علي بيقلع.

- صاحب الجحش يشد بذيله.

- اللِّي بيبصق لفوق بتنزل عليه البصقة.

- حطِّت عجينها على ميّة تنور.

- إحصد زرعك فطير قبل ما يطير.

- الحيّة ما بيقتلها سمها.

- خلف الكلب جرو طلع ألعن من أبوه.

- دقن الطميع بظهر المفلِّس.

- الطِّيز النقَّالة ما منها شغَّالة.

- كلُّ شيء ممنوع مرغوب.

- المكتوب بينقرأ من عنوانه.

- اللِّي خلق علق، ويلي ما عاجبه ينفلق.

- قلبي على ولدي وقلب ولدي عالحجر.

- مثل الجوز ما بيجي إلّا بالكسر.

- ما ببوِّل على إصبع مجروح.

- بجمعة النَّص فصّل وقص. (يقال عند لزوم شراء الأقمشة الجديدة).

- البدوي أخذ تاره بعد أربعين سنة، وقال: «والله يمكن استعجلت».

- بعد ما كان سيدها صار طبّال بعرسها.

- لا وجه حلو، ولا طيز ناعمة.

- كلُّ حادثٍ وله حديث.

- هون حفرنا، وهون طمرنا.

- الدّاخل مفقود، والطَّالع مولود.

- البغض بالأهل، والحسد بالجيران.

- طولة البال بتهد جبال.

- بدور متل الجاجة الخوتة.

- فايق ورايق.
- تزوَّج الأرملة واضحك عليها، وخوذ من جيبتها واصرف عليها.
- العتب عالنظر.
- اللِّي بياكل العصي مش متل اللِّي بعِدْها.
- هذا حضرط بضرت، لا بحل ولا بيربط.
- كل الجمال بتعارك، إلَّا جملنا بارك.
- من تحت الدَّفة لتحت المزراب.
- إجاك الموت، يا تارك الصَّلاة.
- الجيب خالي، والمنخار عالي.
- الطُّول طول النَّخلة، والعقل عقل الصَّخلة. (الصخلة هي العنزة).
- بيفزع من خياله.
- بطن ملان، كيف تمام.
- ومن بعد حماري ما ينبت الحشيش.
- آكل شارب ومن الهم هارب، ويا هارب الله الله.

- يا أم قنباز مرقَّع، صرلك بيت مربَّع.

- كنت تمشي حفيانة، صار إسمك ست فلانة.

- حزين ووقع بكرم تين.

- كُول زيت، وناطح الحِيط.

- بليلة عرسه قبعوا له ضرسه.

- ما تعمل من الرِّز بصل.

- شبين الإكليل من الضرطة بميل.

- كلنا بالهوا سوا.

- بالوجه خيٍّ، وبالقفا حيّة.

- واوي بلع منجل، قال عند خراه بتسمع عواه.

- انا وأخي على ابن عمي، وأنا وابن عمي عالغريب.

- اللِّي عاجبه عاجبه، واللِّي مش عاجبه ينتف حواجبه.

- بيغرق بشِبر مَي.

- لمَّا بصير كوز التِّين قد البطَّة نام ولا تتغطَّى.

- دخَّانك عمانا، وطعامك ما جانا.

- اللِّي ما عنده حظ لا يتعب ولا يشقى.

- إذا عرف السَّبب بطل العجب.

- دموع الفواجر حواضر.

- ما تبصق بالطَّنجرة اللِّي بتاكل منها.

- كلمة يا ريت عمرا ما كانت تعمِّر بيت.

- بوس الكلب عَتمُّه لتنال قربك منُّه.

- قال له قنطار مسك على جبينك، قال له كثرته بتوجِّع الرَّاس.

- كثِّر الأسئلة وخفِّف المشاوير.

- اللِّي بيتجوَّز بالدَّين بيجوا ولاده بالشحاذة.

- موت الدَّواب غنيمة للكلاب.

- لمَّا كثروا سمنات البدوي صار يدهن ابنه.

- كثرة السَّمنة عند العربن صاروا يستعملوها صابون.

- الوجه اللِّي بتصَبحُه كيف إلك عين تقبحُه؟

- دوس على ذنبه بتشوف عجبه.

- ما فيه بيني وبينك حاجب وبوَّاب.

- وصل الموس للحية.

- مليحة لكن إلها ريحة.

- فص المليحة ما إلو ريحة.

- كل ما طال ذنبه قل أدبه.

- الغايب حجته معه.

- ما فيه بزقة تحت بلاطة اختفت.

- بلاطة فوق بلاطة، وصاحبة البيت ضرّاطة.

- صار للشَّرشوحة مرجوحة.

- من راقبَ النَّاس ماتَ همًّا.

- لا تدخل بيت الظنان، ولا تاكل خبز المنان.

- متل الجاجة بتقاقي وما فيها تبيض.

- بدك تاكل عنب ولّا تقتل النَّاطور؟

- ابن الحرام بسوِّيها، وابن الحلال بيوقع فيها.

- بنقدم له العليق، بقدّم لنا اللَّبيط.

- زوَّجوا الفقير للفقيرة، جابوا شحَّاذ صغير.

- لو كان التَّعليم بالضَّرب والخبيط، كانوا الحمير الأوائل.

- قطع الأرزاق من قطع الأعناق.

- فوق حقُّه دقُّه. أو فوق حقُّه لئُّه.

- إسمع منِّي ولا تصدِّقني.

- اللِّي معه فلوس بياكل بجهنم بقلاوة.

- الحمار بضل حمار حتَّى لو تربَّى بين الخيول.

- إذا ما عملت متل جارتي، بموت وبتطُق مرارتي.

- يا قاعدين، يكفيكم شر اللِّي جايين.

- قال: «يا ربِّي ارزقني»، قال له: أنا ربّك، وأنا أخبر فيك».

- طول ما الكيس مليان بيكثروا الخلَّان.

- ما فيه حدا مات، وأخذ معه شي.

- الوجه اللِّي بتعرفه أحسن من الوجه اللِّي بتتعرَّف عليه.

- يا صبر أيُّوب عالمكتوب.

- الإيد الفاضية ريحتها منتنة.

- اقعد برَّا، ولا تقعد جنب الجرَّة.

- راح ساقي وسماقي، وما بقي إلَّا ضيقة أخلاقي.

- إذا طولت دقن إبنك بل واحلق دقنك.

- طلع من المولد بلا حمص.

- كشِّر عن نابك كل النَّاس بتهابك.

- يللِّي عند أهلُه عمهلُه.

- طعمي التِّم بتستحي العين.

- اللِّي سبق شَم الحبق، واللِّي ورا شَم الخرا.

- قلِّع شوكاتك بإيديك.

- مين بيصدِّق الواوي إنو تاب عن أكل الدجاج؟

- لا بموت الذِّيب ولا يفنى الغنم.

- الزَّوج بالطَّالع عتَّال، وبالنازل زبَّال.

- قالوا: «شو صار؟» قالوا: «واحد زقَّف، والتَّاني طار».

- فص كر، لا بينفع ولا بضر.

- كول لوز، وأخرى عالجوز.

- راح الحمار ليطلب قرنين رجع مقطوع الدينين.

- يللِّي بيخلط حاله بالنخالة بياكلوه الدجاج.

- هذا كلُّه حبرٌ على ورق.

- اللِّي مالحك لاتخونه حتَّى لو كان خوَّان.

- ما بقي من العمر أكثر ممَّا مضى.

- اشتهي الخير لجارك بتشوفه بدارك.

- لن تستطيع أن تمنع طيور الهم أن تحلِّقَ فوق رأسك، ولكنَّك تستطيع أن تمنعها من أن تعشعش في رأسك.

- العجلة من الشَّيطان.

- اللِّي بيدق الباب بيسمع الجواب.

- إن خفت ما تقول، وإن قلت ما تخاف.

- خيرُ الكلامِ ما قلَّ ودلَّ.

- خبِّي قرشك الأبيض ليومك الأسود.

- بنمشي الحيط الحيط، ومنقول: «يا رب السترة».

- يا هارب من قضاي، ما الك رب سواي.

- كلام القاضي متل الفستق الفاضي.

- عذرٌ أقبح من ذنب.

- ما بين السَّابق والمسبوق دقَّة خازوق.

- عابب ولا تحسد. (عابب بمعنى نافس).

- روح بلِّط البحر.

- الكثرة بتغلب الشَّجاعة.

- شرارة بتحرق حارة.

- شكرنا القط خري بالعجين.

- راكب على ظهري ومدندل رجليه.

- طلعناه معنا على الحمار، مد إيده عالخرج.

- البيت بيت أبونا والنَّاس عم يسبونا.

- مثل العود الملوث بالخرا، كيفما لفيته بتتلوَّث.

- ما بيحرث الأرض غير عجلها.

- عيش كتير بتشوف كتير.

- ماكل شارب، وعلى الجمل راكب.

- ما بيقطع الرَّاس إلَّا اللِّي ركبه.

- تعا ضدِّي وخلِّصني، ولا تجي معي وتشربكني.

- صبِّح القوم ولا تمسِّيهم.

- كلامُ اللَّيل يمحوه النَّهار.

- كلب يعوِّي معك أحسن من كلب يعوِّي عليك.

- اللِّي عقله براسه بيعرف خلاصه.

- عقل الكسلان بيت الشَّيطان.

- إن لم تكن ذئبًا أكلتك الذِّئاب.

- آخر الطحن قَرقَعَة.

- أوَّل الرَّقص حنجلة.

- أنت فصِّل، ونحن بنلبس.

- يللِّي ما ذاق المغراية ما بيعرف شو الحكاية.

- الضحك بلا سبب من قلّة الأدب.

- أبوها راضي، وأنا راضي، وإنت شو دخلك يا قاضي؟

- بكل بلد ربِّي الك صاحب.

- بيعوم على شِبر مي.

- اللِّي بيستحي من مرته ما بيجيه اولاد.

- مش كل أصابعك متل بعضهم.

- إن عشقت إعشق قمر، وإن سرقت إسرق جمل.

- اللِّي بيسرق بيضة بيسرق جمل.

- اللِّي شرب البحر ما بيغص بالسّاقية.

- حتَّى إذا طعميته لحم كتاف بخون.

- عيونه زرق، وسنانه فِرق.

- ما بتجيك الرَّفسة القويِّة إلَّا من الحمار الأعرج.

- ما بخاف عَولدي من الفقر، بخاف عليه من قلِّة التدبير.

- ابن الأصل لو طعميتو خبز بِصون، وقليل الأصل لو طعميته لحم كتاف بيخون.

- بعرة ومقسومة بشعرة.

- خوذ الأصيل لو كان عالحمير.

- مفتاح البطن لقمة، ومفتاح الشَّر كلمة.

- الكذب ملح الرجال، وعيب عللِّي بصدِّق.

- لا معلَّقة ولا مطلَّقة.

- الرِّجال غايبة، والنِّسوان سايبة.

- اللِّي ما الو قديم ما الو جديد.

- اللِّي إيدو تحت الحجر مش متل اللِّي ايدو فوقه.

- السَّمكة الكبيرة بتبلع السَّمكة الصغيرة.

- ياكلني السَّبع ولا ياكلني الضَّبع.

- الزَّواج: أوَّله عسل، ووسطه كسل، وآخره بصل.

- يا غالب يا مغلوب.

- يا قاتل يا مقتول.

- ست وجاريتين على قلي بيضتين.

- ما تلوم الغايب ليحضر.

- خيرٌ لك أن تضيء شمعة من أن تلعن الظَّلام.

- كل موتة وإلها سبب، حتَّى ما يعود لعزرائيل ذنب.

- الضَّرب بالميت حرام.

- يللِّي بيصبر عالحصرم بياكل الدِّبس.

- ذكرنا القط إجا نط، وذكرنا الجحش إجا طحش.

- اذكر الذيب وهَيِّر القضيب.

- اللِّي بِريدك ريده، واللِّي ما بريدك بالجفا زيده.

- ما كل طير بيتّاكل لحمه.

- الدَّهر قلَّاب ودواه الصبر عليه.

- الطَّنجرة الكبيرة بتساع الطَّنجرة الصغيرة.

- اللِّي بدو يعمل جمَّال بدو يعَلِّي البوَّابة.

- الآباء يأكلون الحصرم، والأبناء يضرسون.

- الكبير إذا اندلع متل الباب اذا إنخلع.

- الصَّبي صبي لو كان ابن نبي.

- الخوف يجعل الحمار أسرع من الحصان.

- كل مين كثرت فلوسه بنت السُّلطان عروسه.

- الحلوة ما بيحوشها إلَّا اللِّي معه قروشها.

- الصِّدق اله وجه واحد والكذب له ألف وجه.

- الكلمة مثل الرَّصاصة: إذا خرجت فات الأوان على إرجاعها.

- عداوة العاقل أقلُّ ضررًا من مودَّة الجاهل.

- إعطِ العاملَ أجره قبل أن يجفَّ عرقه.

- ضربة عالحافر، وضربة عالمسمار.

- اللِّي بدو يموت يوصِّيك بولاده.

- حُطّ قبل ما تتعبن واحمل قبل ما تستريح.

- بيضة اليوم ولا دجاجة بكرا.

- السَّنابل الفارغة ترفع رأسها عاليًا.

- العرس بمحرونة، وأهل المجادل دبكوا.

- اللِّي بطَبِّلَك زمِّرله، واللِّي بيرقصلك غنِّيله.

- لكلِّ داءٍ دواءٌ يستطابُ به   إلَّا الحماقة أعيَت من يداويها.

- كلام اللَّيل مدهون بزبدة، إذا طلع النهار عليه بسيخ.

- لو كان فيه خير ما رماه الطير.

- كبيرُ القوم خادمُهم.

- متل البق ما بينام وما بيترك حدا ينام.

- كل علَّة والها دواها.

- البردُ والقِلَّة سببُ كلِّ علَّة.

- كلُّ عقدةٍ ولها حلٌّ.

- الجنة بلا ناس ما بتنداس.

- حبَّك حب وغضب الرَّب.

- اللِّي ضرب ضرب، واللِّي هرب هرب.

- الله بيعطي الحلاوة للِّي ما إلو ضراس.

- خليها بالقلب تجرح ولا تطلع لبرا وتفضح.

- القمحة المسوسة الها كيال أعور.

- كل واحد بينام على الجنب اللِّي بِرَيِّحه.

- ما غريب إلَّا الشَّيطان.

- بيقتل القتيل وبيمشي بجنازته.

- لو كان الحظ بينشرى كنت اشتريت واحد.

- هذا واحد بيحلب النملة.

- عدم الرَّد رضى.

- إذا فات الفوت ما بينفع الصُّوت.

- يللِّي بدو ياكل عسل بدو يصبر على عقص النَّحل.

- متل المي بالطَّلعة.

- كل مين اله نبي يصلِّي عليه.

- متل حية التبن: بتعقص وبتخبِّي راسها.

- اللسان الدافي بطَّلع الحيِّة من وكرها.

- اعمل خير وارميه بالبحر.

- الخبر اليوم بفلوس، بكرا ببلاش.

- بيتحركش بالحمَّى حتَّى تجيه البرديِّة.

- خالتي بطبريا وضراطها واصل اليا.

- إمشِ على مهلك حتَّى توصل بسرعة.

- حط المراهم على الدراهم بتبري الجروح.

- جبل مع جبل بيلتقوا، وبني آدم مع بني آدم ما بيلتقوا.

- شو هم العبد من سواد الوجه؟

- مجنونٌ يحكي، وعاقلٌ يسمع.

- بيسلِّي وبيحَلِّي، وبِطَعمي الحمار.

- طرشة عالباب قاعدة تتسمَّع.

- المال الداشر بعلِّم النَّاس الحرام.

- الباب اللِّي بيجيك منو الرِّيح سدُّه واستريح.

- عرج الجمل من شفتِه.

- امشي بجنازة ولا تمشي بجوازة.

- انتظر حتَّى يبيض الدِّيك.

- كرمال عين تكرم مرجعيون.

- لا تشكيلي لأبكيلك.

- المنحوس مد ايدو على سلَّة عنب، طُلعله بصلة.

- يا غافل الك الله.

- حكى بدري، وانشرح صدري.

- ما فيه دخنة من دون نار.

- المال بجر المال، والقمل بيجر السيبان.

- الطَّيب بجر الميت، والميِّت بعيط.

- يا ماشي على رجليك ما بتعرف شو مقدَّر عليك.

- الدِّيك الفصيح من قلب البيضة بصيح.

- ما بتهِز العروش غير النِّسوان والقروش.

- الوقت كالسَّيف، إن لم تقطعه قطعك.

- ما تقول للأعور: أعور بعينه.

- شحَّاذ ومشارط.

- اللِّي ما بيخاف من الله خاف منه.

- بنحكي معه بالشَّرق، بجاوب بالغرب.

- يا مستعجل، وقِّف لقلك.

- هين فلسك ولا تهين نفسك.

- هين مالك ولا تهين حالك.

- إذا ما خِربت ما بتعمر.

- اللِّي بيحتاج للكلب بقلُو مستِّر كلب.

- بتقول للقمر غيب حتَّى اقعد محلك.

- ديَّنَاه فرفش. تركناه طنَّش، طالبناه خرمش.

- الرَّجل بلا كرش ما بيسوى قرش.

- متل اللِّي جاب الدّب على كرمه.

- ما عندو دقن مممشَّطة.

- حمار ومحمّل خرا، ومشيته غندرة.

- لا يموت الذئب، ولا يفنى الغنم.

- الدِّبة شقَّت كرشها، ما أذت إلّا نفسها.

- السكافي حافي، والحايك عريان.

- واقف له عالكرزم. (الكرزم: للفخاخ).

- بيطلع متل الشَّعرة من العجين.

- من طين بلادك حنِّي خدادك.

- يا كثرة الصحاب لمَّا كان كرمي دِبس، ويا قلَّة الصحاب لمَّا كرمي يبس.

- مش هون مربط الفرس، كذلك يُقال: «هنا مربط الفرس».

- لو الله بيستجيب دعاوي الكلاب كانت الدنيا شتَّت عظام.

- لولا الغيرة ما حبلت ميرة.

- باع جلد الدّب قبل ما يتصيَّده.

- العمر بيخلص، والشّغل ما بيخلص.

- بوس الأيادي ضحك على اللِّحى.

- الحجر اللِّي ما بيعجبك بفجَّك وبيكسر لك راسك.

- بيقول ضعيف، وبياكل مية رغيف.

- روح خيِّط بغير هالمسلِّة.

- فخَّار يكسِّر بعضه.

- أشهر من نار على علم.

- إصبعتي منِّي لو انقطعت، وعيني منِّي لو انقلعت.

- حط العدس وانفخ تحته، ما أرذل من الخال إلَّا ابن اخته.

- حط إيدك على قلبك، خلي الله يحبَّك.

- سألوا الدِّب: «شو بتشتغل؟» قال لهم: «سلَّاك حرير»، قالوا: «مبين من إيديك».

- متل الحمار، كيف ما درتُه بيندار.

- شو قصتَّك متل حمير الحجارة؟ طالع محمِّل ونازل محمِّل.

- المي ماشية من تحت رجليه، وهو ما داري فيها.

- بدك تاكل فول لترجع للأصول.

- كبرت الخسِّة براسه.

- شَم ريحة باطه.

- ابن الحلال عند ذكرُه بِبَان.

- كل ولد بيخلق بتخلق رزقتُه معه.

- ياما تعوَّد هالخد على اللَّطم.

- أهلك اللِّي اشتروك، ولا أهلك اللِّي باعوك.

- واحد باع ابنه من القلَّة، والتَّاني اشتراه بالدَّين.

- العادة بالبدن ما بغيِّرها غير الكفن.

- وجهه ما بيضحك لرغيف السُّخن.

- مجدرة ولبن، عافية عالبدن.

- أعزب دهر، ولا أرمل شهر.

- أكبر منك بيوم، أعرف منك بسنة.

- واحد حامل دقنه، والتَّاني تعبان منها.

- أيلول ذيله بالشِّتا مبلول.

- ما بين تشرين وتشرين صيفٌ ثاني.

- ولَّعت له ناري، أكل بداري، وسرق حماري.

- أربط الحصان جنب الحمار، إذا ما تعلَّم من شهيقه بيتعلَّم من لبيطُه.

- إذا بدك تصاهره لا تقاهره.

- اللِّي بيلعب بالنَّار بتنكوى إيديه.

- إذا غاب عنَّك العنب والتِّين عليك بميِّة كوانين.

- هذا متل شباط، ما فيه على كلامه رباط.

- شباط شبط ولبط، وريحة الصِّيف فيه.

- ياما تحت السَّواهي دواهي.

- بآذار بيتساوى اللِّيل والنهار.

- خلِّي فحماتك الكبار لعمَّك آذار.

- شتوة نيسان بتحيي الإنسان.

- بتمُّوز بتغلي المية بالكوز.

- لو بدها تشتِّي غيَّمت.

- بيعمل من الحبِّة قبَّة، ومن الزبيبة خمَّارة.

- الدفا عفا لو بعز الصِّيف.

- شو فهَّم الحمير بالعزف عالبيانو؟

- كل واحد مخططه على تمه بلاقيها حلوة.

- اللِّي بتمه لسان ما بضيع.

- كثِّر من الأسئلة، وخفِّف من المشاوير.
- قالوا لكتير الغلبة: «نص الدنيا الك»، قال لهم: «والنص التاني لمين؟»
- شايفك متل القرد الملفلف.
- الصباح رَباح.
- يا روح ما بعدك روح.
- يكاد يقول المريب: «خذوني».
- كل النَّاس فيهم خير وبركة.
- بشهر آب إقطف العنقود ولا تهاب.
- قاضي الأولاد شنق حاله.
- يا بخت مين نفع واستنفع.
- قالوا له: «لا تبيع برخيص»، قالوا: «لا توصِّي حريص».
- اللِّي بيعرف أولته بتهون عليه آخرته.
- إذا شمَّينا ريحة إيدينا، بترجع روحنا إلينا.
- الهريبة تلتين المرجلة.
- اقعد أعوج، وإحكي جالس.

- صار للذبَّانة دكَّانة، وصارت تفتح السَّاعة تمانة.

- الذبانة بتعرف ذقن الحلونجي.

- يا أرض إشتدِّي، ما حدا قدِّي.

- اللِّي فينا كافينا.

- يللِّي ما بيشبع عند أهله، ما بيشبع عند الجيران.

- الجنازة حافلة، والميِّت كلب.

- خذوا أسرارهم من صغارهم.

- كيف ما مال الهوى بيميل معه.

- صار للقطَّة قوط، صارت بالحارة تمشي وتلوط.

- بقلبي فيه صدا، وما بحب حدا.

- لعب الفار بعبُّه.

- نايم بالمي، وخايف من الشِّتا.

- إخت الرجال عند الحزة واللزة.

- ستِّي من غير وحام مدلَّلة، إجا الوحام وزادها دلال.

- بتظلّ متل المحروقة بصلته.

- قدها قد الفارة، وحسها مَلو الحارة.

– دمَّلة وفقَّيناها.

– بيعطيك باليمين، وبياخذ بالشمال.

– سألوه: «أيمتى بتقوم القيامة؟» قال له: «كل شيء الو علامة».

– رافق المسعد بتسعد، رافق الغراب بياخذك عالخراب.

– اللِّي بتضرب ركبتها بتلاقي حجتها. (أي المرأة دائمًا حججها جاهزة).

– يا طيزي بالك عالدار. (ويُقال هذا المثل للمهمل عديم الفائدة).

– واحدة بواحدة، والبادي أظلم.

– إيدك وما تعطيك. أي بمعنى آخر: (روح بلِّط البحر).

– أكل ومرعى، وقلَّة صَنعة.

– الأعور بديرة العميان فاكهة.

– ما تقول للمغنِّي غنِّ إلَّا ليغنِّي لوحده.

– اللِّي ما الو عيلة يربِّي لو كحيلة. (الكحيلة هي الفرس)

– ابنك لا تعلمه، الدهر بعلمه.

– وعد بلا وفا، عداوة بلا سبب.

- الشَّك داءٌ، لكنَّه يعلِّم الحكمة.

- سوس الخشب منه وفيه.

- يللِّي من إيدُه الله يزيدُه.

- عندو حَظ بيفلق الصَّخر.

- عزم ضيعتين على قلي بيضتين.

- أحسن إلى النَّاس تستعبد قلوبهم.

- يللِّي بياكل الحلوة بيصبر عالمُرَّة.

- اللِّي ما بيذوق المُرَّة ما بيعرف طعم الحلوة.

- بليلة ما فيها ضَو قمر. (أي أنَّ الأمور حدثت بسرعة وفجأة).

- علَّة الموت ما الها دوا. (يُقال في الأمور المستعصية والمرض العضال).

- لو بيِسلَم الكرم من النَّواطير كان حمل قناطير.

- يللِّي بيِنزل من السَّما بتسقبله الأرض. (أي كل شيء من الله جميل).

- متل اللِّي ماشي على بيض، وفزعان البيض يتكسَّر.

- زلَّة القدم ولا زلَّة اللِّسان.

- راح عالجامع حتَّى يصلِّي لقاه مسكَّر، قال: «إجت من الله، وما إجت منِّي».

- خير يا طير، مبيِّن مثل الخوازيق المسمَّرة.

- الحَقْ الكذَّاب على باب داره.

- لو دامت لغيرك ما وصلت إليك.

- شخَّاخة وما بتنام إلَّا بالنُّص.

- مطرح ما ترزق ألزق.

- السِّلاح بإيد الخرا بيجرح.

- سباعها نامت، وضباعا قامت.

- ضرب خماسه بسداسه. (أي أنَّه في حيرةٍ، ويفكِّر في ما يجب فعله).

- لا يتعلَّم الحمار السِّباحة إلَّا بعد أن تصل المياه إلى أذنيه.

- الخوف يجعلُ الحمار أسرعَ من الحصان.

- قال له: «مين أخبر فيك؟» فقال له: «جارك واللِّي مربِّيك».

- الغربة كربة.

- لولا الحسد ما مات أحد.

- نام بكِّير، وفِيق بكِّير، وشوف الصِّحة كيف بتصير.

- يُدعى الحمار للعرس إمَّا لجلب الماء أو الخشب.

- خيرًا تعمل، شرًّا تلقى.

- شو عَبال عكَّا من هدير البحر؟

- الثلم الأعوج من الثَّور الكبير.

- أجلدْ السِّرج لكي تجبرَ الحمار على التَّفكير.

- إسعَ يا عبدي تَإسعى معك، وأرض الله واسعة الفلا.

- ابنها عَم يبكي، وراحت تسكِّت ابن الجيران.

- الصَّديق اللِّي ما بينفع متل عدو ما بيضُّر.

- الجدي لعب بعقل التِّيس.

- طَعمي التِّم، بتستحي العين.

- ألف عَدو برًّا الدَّار، ولا عدو جوَّا الدَّار.

- لبس قبعُه، ولحق ربعُه.

- فخَّار يكسِّر بعضه.

- إذا طعميت شبِّعْ، وإذا ضربت وجِّعْ.

- الله يعطيك العافية طُول ما الحاجة حافية.

- لله درُّ الحسد ما أعدله، بدأ بصاحبه قتله.

- صرَّاف أعمى، وكيسه مخزوق.

- متل منشار الخشب؛ عالطَّالع بياكل، وعالنَّازل بياكل.

- إذا عرفنا كيف فشلنا، عرفنا كيف ننجح.

- الدُّنيا عدوٌّ بثيابِ صديقٍ.

- وكَّلوا القرد بنعف الطَّحين.